W0226917

Rob van der Plas

Die Reparatur des Fahrrads

Zeichnungen von Gerhard Schmid
und Rob van der Plas

Otto Maier Verlag Ravensburg

Für Anne

Originalausgabe
© 1981 Otto Maier Verlag Ravensburg
Umschlagfoto von Thomas Weiss,
Ravensburg
Satz: Philipp Hümmer, Waldbüttelbrunn
Druck und Verarbeitung: Ebner Ulm
Printed in Germany

85 84 83 82 81 5 4 3 2 1

ISBN 3-473-43099-4

Inhalt

Vorwort

Das moderne Fahrrad ist kein Panzer: es ist leicht, schnell, wendig und bequem, dafür aber auch relativ empfindlich. Soll es immer im optimalen Zustand sein, muß man gelegentlich einmal etwas einstellen, schmieren oder reparieren. Das ist alles nicht so schwer, denn die Funktion der einzelnen Teile des Fahrrads sowie ihr Zusammenspiel sind leicht verständlich, das notwendige Werkzeug ist billig und einfach zu handhaben. Aber zuallererst muß man wissen, was zu machen ist, worauf zu achten ist und wie man vorgeht.

Das ist es, was in diesem Buch ausführlich beschrieben wird. Anhand vieler übersichtlicher Abbildungen und einer systematischen Beschreibung wird hier jede erforderliche Arbeit erklärt. Es wird gezeigt, wie das ganze Rad sowie die einzelnen Teile gepflegt, eingestellt oder repariert werden, und es gibt genaue und vollständige Anleitungen für den Ein- und Ausbau der Bestandteile jedes denkbaren Fahrradtyps. Aber auch das Vorbeugen wird nicht vergessen: Stets wird erklärt, worauf zu achten ist, damit Verschleiß und Störungen vermieden werden können.

Solche ,,Arbeiten" können Spaß machen, weil sie so leicht, so einfach und so befriedigend sind. Wer noch weiter in die Materie einsteigen möchte und die vielen interessanten Einzelheiten des modernen Fahrrads verstehen möchte, findet in Band 41 der Ravensburger Freizeit-Taschenbücher *Vom Fahrrad und vom Radfahren* vom selben Autor die ideale Ergänzung. Beide Bücher zusammen bilden die vollständigste Quelle von Informationen in deutscher Sprache auf diesem Gebiet.

Über den Autor

Mit elf Jahren nahm Rob van der Plas sein erstes Fahrrad auseinander. Obwohl es ihm auch damals schließlich gelungen ist, das Rad wieder zusammenzubauen, hat er seitdem vieles dazugelernt. Neben seinem Interesse am Fahrrad als Verkehrsmittel und der Sicherheit des Radfahrens ist das Basteln am Fahrrad sein liebstes Hobby geblieben.

Er ist Korrespondent eines amerikanischen Fahrrad-Magazins und hat Beiträge für mehrere Veröffentlichungen auf dem Gebiet des Fahrrads geschrieben. Sein Buch *Vom Fahrrad und vom Radfahren* erschien ebenfalls in der Reihe der *Ravensburger Freizeit-Taschenbücher*.

Teil I

Was jeder wissen muß

1 Die Teile des Fahrrads

Wer sich mit der Reparatur und Instandhaltung des eigenen Fahrrads auseinandersetzen will, braucht nicht unbedingt über alle möglichen Einzelheiten sämtlicher Fahrradtypen Bescheid zu wissen. Es genügt völlig, wenn man die wichtigsten Teile und ihre Funktionen kennt. Zu diesem Zweck wird in diesem Kapitel ganz kurz das erklärt, was als erforderliches Grundwissen zu betrachten ist. Eine vollständigere Beschreibung der vielen Teile und Einzelheiten des Fahrrads findet der interessierte Leser in Band 41 dieser Reihe, *Vom Fahrrad und vom Radfahren*. Hier also nur kurz das Allerwichtigste.

Bild 1.1 zeigt die Bezeichnungen der Teile eines Rennsportrads. Andere Fahrradtypen weichen von diesem Modell fast nur in der Form der einzelnen Komponenten ab, sind aber nicht wesentlich verschieden. Die wichtigsten Teile können in einigen wenigen Funktionsgruppen zusammengefaßt werden: *Rahmen, Lenkung, Laufräder, Antrieb, Gangschaltung, Bremsen, Sattel, Beleuchtung* und *Zubehör*. Sie werden in den nächsten Abschnitten jeweils kurz behandelt.

1.1 Die Teile eines Fahrrads

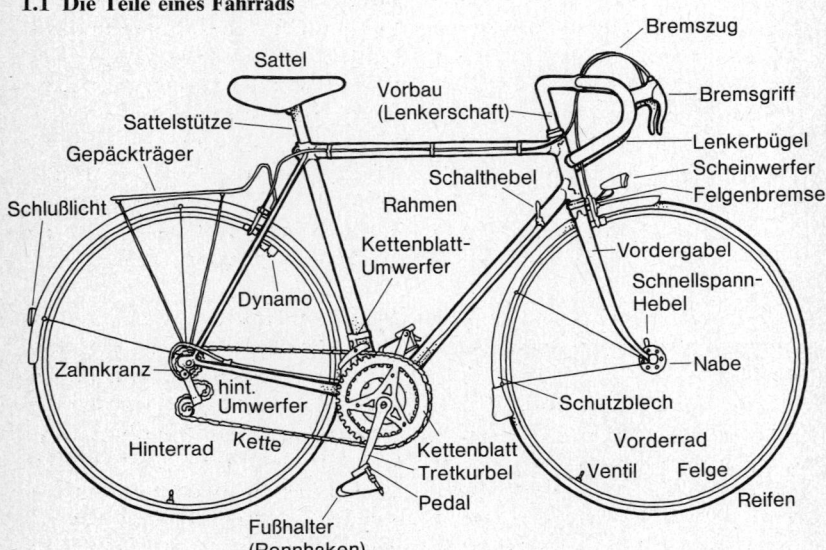

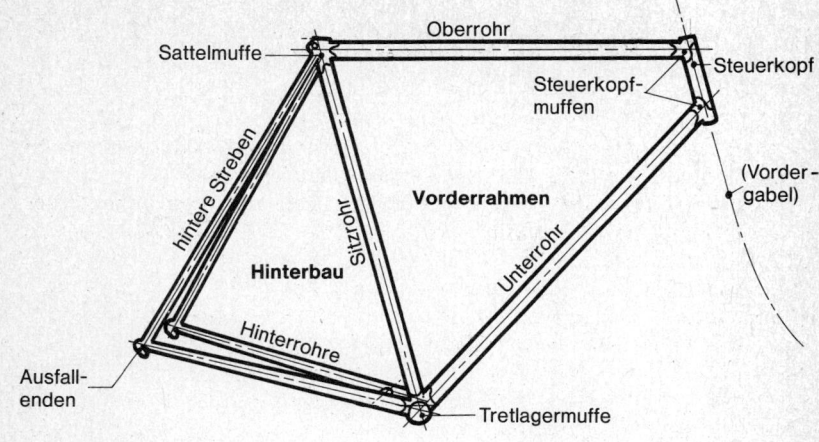

1.2 Der Rahmen

■ **Der Rahmen** (Bild 1.2)
Der Rahmen ist praktisch das Rückgrat des Fahrrads. Er besteht bei den meisten Fahrrädern aus relativ dünnwandigen Stahlrohren, die an den Enden mit *Muffen* verbunden sind. Die größeren Rohre des *Vorderrahmens* heißen *Oberrohr, Sitzrohr, Unterrohr* und *Steuerkopf*. Der *Hinterbau* besteht aus den *hinteren Streben* und den *Hinterrohren*. Die einzelnen Verbindungsmuffen sind auch in Bild 1.2 bezeichnet: obere und untere *Steuerkopfmuffen, Sattelmuffe* und *Tretlagermuffe*. Das Hinterrad wird an den *Ausfallenden* gehalten.
Manche Rahmentypen, wie z.B. diejenigen für Damenräder und Klappradmodelle, weichen in der Form etwas von dem abgebildeten Rahmen ab; diese Unterschiede haben aber keine wesentliche Bedeutung.

Die Rahmen der höchsten Qualitätsstufe – für die teuren Renn- und Rennsporträder – werden aus hochwertigen und sehr dünnwandigen Rohren gebaut. Bei solchen Rahmen ist auch von Bedeutung, wie groß die Winkel zwischen den einzelnen Rohren – *Steuerkopfwinkel* und *Sitzrohrwinkel* – sind und wie groß der Abstand zwischen den Radachsen – der *Radstand* – ist. Sonst interessiert meistens nur die *Rahmenhöhe*, die am Sitzrohr gemessen wird.

■ **Die Lenkung**
Die Lenkung besteht aus der *Vordergabel*, dem *Lenker* und dem *Steuersatz*. Die Vordergabel wird mit den Steuersatzlagern drehbar im Steuerkopf des Rahmens gehalten. Der Lenker – der meistens aus zwei Teilen, *Bügel* und *Vorbau,* besteht – paßt mit seinem *Lenkerschaft* in den

Gabelschaft und wird mit einem *Klemmbolzen*, mit *Keil* oder *Klemmkonus* in diesem Teil der Gabel fest verklemmt. An den Enden der *Gabelscheiden* sind die *Ausfallenden* für die Befestigung des Vorderrads angelötet.

Obwohl es auch viele verschiedene Lenkerformen gibt, sind die Unterschiede für die Reparaturanleitung nicht wichtig. Wohl aber der Umstand, daß Lenkerbügel und Lenkerschaft oder Vorbau manchmal unterschiedliche Durchmesser haben dürfen: Beim Ersatz solcher Teile muß immer zuerst nachgemessen werden!

Ein Sportrad – allerdings nur dem Namen nach, denn sehr sportlich ist solch ein schweres und dickbereiftes Rad wohl kaum (Foto: Hercules)

Auch die Steuersatzlager gibt es in verschiedenen, nicht gegenseitig austauschbaren Ausführungen: Sie werden nach drei verschiedenen, jeweils zu bestimmten Gabelrohrgewinden passenden Industrienormen hergestellt: nach englischer, französischer oder italienischer Norm.

Beim Austausch einer Gabel ist deshalb zu beachten, daß die Gabel zum vorhandenen Steuersatzgewinde passen muß. Ferner soll das Gabelrohr die richtige Länge haben, damit es in den Rahmen paßt. Die Gabelscheiden müssen die richtige, zur Laufradgröße passende Größe haben. Für den Rennfahrer ist auch wichtig, daß die Krümmung der Gabelscheiden die richtige Tiefe hat: Sie ist vom Steuerkopfwinkel abhängig.

■ Die Laufräder

Die Laufräder werden nach Durchmesser oder *Radgröße* unterschieden. Es ist üblich, die Größe in englischen Zoll anzugeben, obwohl sich eine Maßangabe in mm allmählich durchzusetzen beginnt. Die Reifengröße ist auf der Flanke des Reifenmantels angegeben. Außer dem Reifen besteht das Laufrad aus *Felge*, *Nabe* und *Speichen*. Der Reifen selbst ist aus einem inneren *Schlauch* und einem *Mantel* aufgebaut.

Beim Rennrad sind Schlauch und

Mantel in einem sogenannten *Schlauchreifen* zusammengenäht, der wird auf die (spezielle) Felge geklebt. Die meisten Fahrräder haben sogenannte *Drahtreifen*, bei denen Schlauch und Mantel getrennt sind. Für das Fahrverhalten ist es wichtig, daß die Reifen ausreichend stark aufgepumpt werden: Die empfohlenen Werte sind der Tabelle 2 auf Seite 125 zu entnehmen. Tabelle 1 auf Seite 124 gibt die Reifengrößen und die dazugehörigen Felgenmaße an. Die Nabe wird normalerweise von *Achsenmuttern* in den Ausfallenden gehalten, aber Renn- und Rennsporträder sind meistens mit *Schnellspann-Naben* ausgestattet, die mit einer Handbewegung ein- und ausgebaut werden können. Die Nabe wird durch die Speichen mit

Schnellspann-Naben für das Rennrad. Es gibt auch billigere Versionen für preisgünstige Fahrräder. Sie werden von Hand gelockert oder gespannt (Foto: Koga-Trading)

Thompson-Tretlager mit verkeilter Tretkurbelbefestigung

BSA- oder verschraubtes Tretlager mit keilloser Tretkurbelbefestigung.

der Felge verbunden, wobei die Speichen nach verschiedenen Mustern gekreuzt werden. Die dazu erforderlichen Speichenlängen sind in der Tabelle 5 auf Seite 127 für die gängigsten Laufradgrößen angegeben. Die Stärke der Speichen ist vom Benutzungszweck abhängig und in der Tabelle 6 auf Seite 127 aufgeführt.

■ Der Antrieb

Zum Antrieb werden die Teile gezählt, die zur Übertragung der Kräfte des Fahrers auf das Hinterrad erforderlich sind: *Pedale, Tretkurbeln, Tretlager, Kettenblatt, Kette* und *Zahnritzel* mit *Freilauf* am Hinterrad. Tretlager mit Tretkurbeln und Kettenblatt heißen zusammen *Tretlagersatz* oder auch *Tretlagergarnitur*.

Die Tretlager werden in die Tretlagermuffe des Rahmens eingesteckt (beim einfachen Rad, *Thompson*-Tretlager) oder verschraubt (beim besseren Rad, *BSA*-Tretlager). Die verschraubten Lager können wieder recht unterschiedlich sein: Sie sind mit einem Schraubgewinde versehen, das nach einer von vier verschiedenen Industrienormen (englisch, französisch, italienisch oder schweizerisch; siehe Tabelle 3 auf Seite 125) hergestellt sein kann! Die Befestigung der Tretkurbel an der Tretlagerachse erfolgt entweder mit *Keilen* oder *keillos*. Die keillose Befestigung gilt als die bessere und ist vornehmlich bei relativ guten und leichten Fahrrädern zu finden.

Die Kette soll die richtige (zu den

**Rennrad in einfacher Ausführung
(Foto: Steyr Daimler Puch)**

Kettenblättern und den Ritzeln passende) Innenbreite haben. Beim Rad mit Kettenschaltung ist die Breite der Kette geringer als beim Rad ohne Kettenschaltung. Reinigung und Schmierung der Kette ist besonders wichtig, um den Verschleiß der verschiedenen Antriebsteile auf ein Minimum zu beschränken. Die Kette eines Rades ohne Kettenschaltung kann zu diesem Zweck leicht entfernt werden, da sie ein sogenanntes *Kettenschloß* hat, während die Kette des Kettenschaltungsrads mit einem einfachen Werkzeug geöffnet und mit dem gleichen Werkzeug auch wieder zusammengefügt wird.

■ Die Gangschaltung

Mit der Gangschaltung paßt sich der Radfahrer den Gegebenheiten des Geländes an, indem er die Übersetzung der Tretkurbeln auf das Hinterrad ändert. Es gibt *Nabenschaltung* und *Kettenschaltung*. Die Nabenschaltung (Bild 1.3) ist in die Nabe des Hinterrads eingebaut und wird meistens mit einem am Lenker befestigten Schalthebel bedient. Doch gibt es auch Zweigangnaben, die ohne Schalter zu bedienen sind: sie werden entweder durch Zurücktreten der Pedale geschaltet oder sie schalten automatisch beim Erreichen einer bestimmten Geschwindigkeit. In Deutschland wird die Nabenschaltung meistens mit der Rücktrittbremse kombiniert; es gibt aber auch Modelle ohne Rücktritt.

Die Kettenschaltung (Bild 1.4) ist nur bei einem Rad ohne Rücktrittbremse möglich. Sie besteht aus einem vorderen und einem hinteren *Umwerfer*. Sie werden mit Schalthebeln, die meistens am Unterrohr des Rahmens angebracht sind, bedient. Sie schieben die Kette beim Fahren einfach seitlich auf ein größeres oder kleineres Kettenblatt (vorn) oder

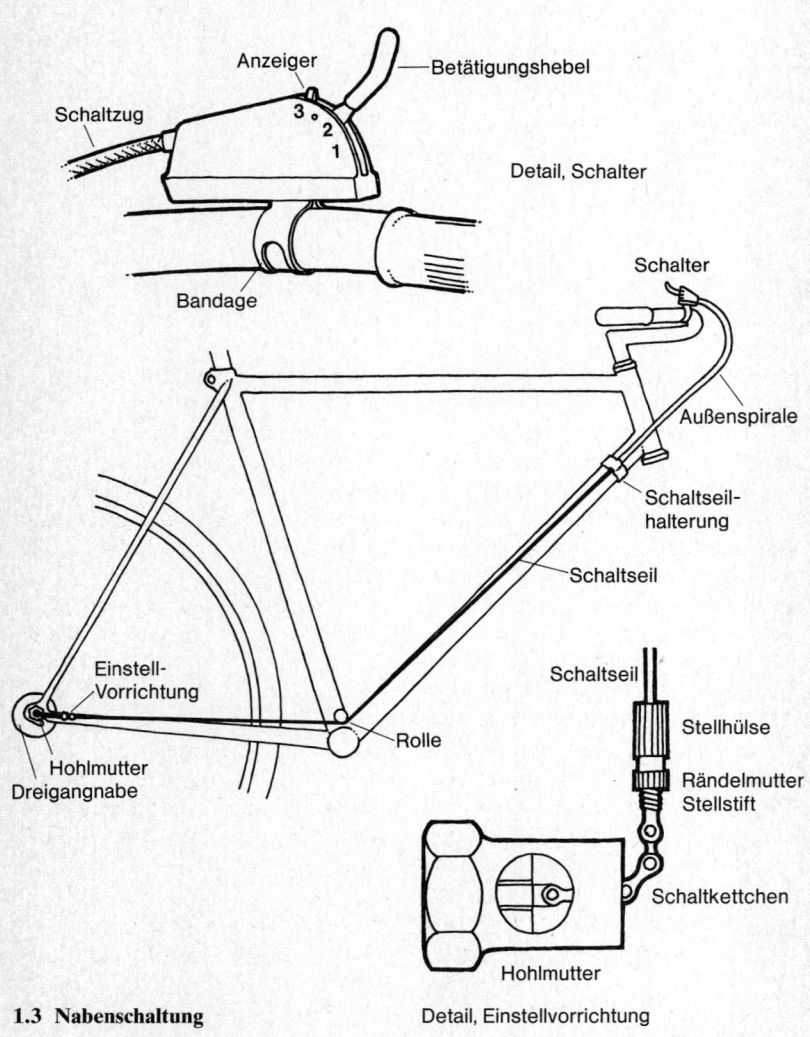

1.3 Nabenschaltung

Detail, Einstellvorrichtung

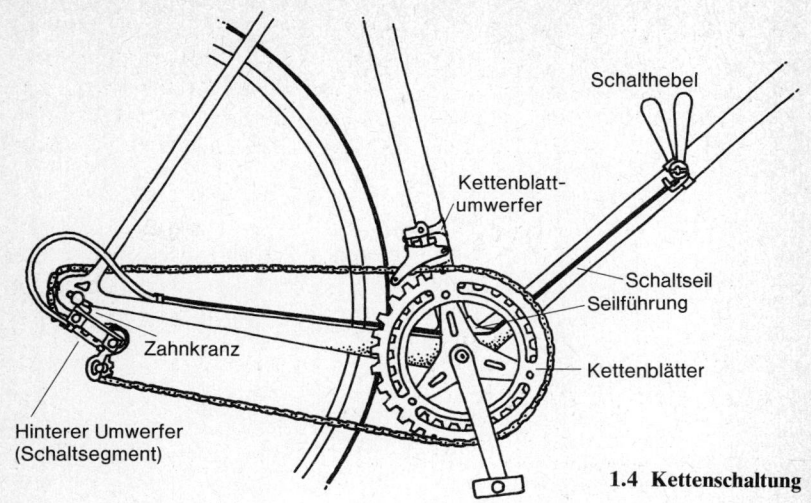

Schalthebel

Kettenblatt-
umwerfer

Schaltseil
Seilführung

Kettenblätter

Zahnkranz

Hinterer Umwerfer
(Schaltsegment)

1.4 Kettenschaltung

Ritzel (hinten). Die Ritzel der verschiedenen Größen sind zusammen auf einem *Zahnkranz* mit Freilauf am Hinterrad aufgeschraubt. Auch diese verschraubte Verbindung kann unterschiedlich sein: Es gibt drei voneinander abweichende Gewindemaße: Tabelle 3 auf Seite 125 zeigt die Einzelheiten.

■ Die Bremsen
Beim Fahrrad sind zwei voneinander unabhängig wirkende Bremsen vorgeschrieben. Die billigsten Räder werden meistens mit einer *Rücktrittbremse* im Hinterrad und einer *Felgenbremse* am Vorderrad ausgestattet. Andere Räder haben vorn und hinten Felgenbremsen, während einige Tourenräder der Luxusklasse mit *Trommel-* oder *Backenbremsen* ausgestattet sind. Felgenbremsen gibt es in drei Ausführungen: Seiten-

zug-, *Mittelzug-* und *Crossbremse*, sie funktionieren aber alle nach einem ähnlichen Prinzip.

Felgenbremsen werden durch die *Bremsgriffe* oder *Bremshebel* am Lenker und die am Rahmen entlanggeführten *Bremsseile* bedient. Die Trommelbremse wird auf ähnliche Art bedient, doch es gibt auch Modelle mit Gestängeverbindungen. Alle von Hand bedienten Bremsen haben einfache *Einstellvorrichtungen*, mit denen die Wirkung der Bremse optimiert werden kann, indem die Spannung des Bremsseils eingestellt wird. Für die Rücktrittbremse ist es wichtig, daß die Kette nicht zu schlaff ist.

■ Der Sattel (Bild 1.5)
Der Fahrradsattel wird mit der *Sattelstütze* am Sitzrohr des Rahmens eingeklemmt. Zu diesem Zweck ist

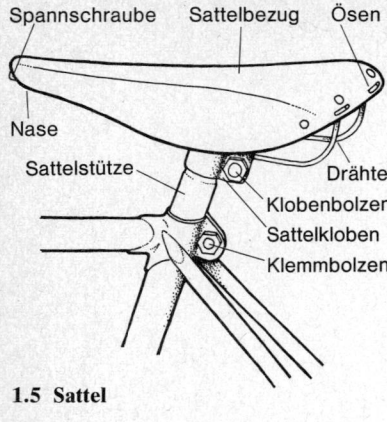

Spannschraube Sattelbezug Ösen

Nase

Sattelstütze

Drähte
Klobenbolzen
Sattelkloben
Klemmbolzen

1.5 Sattel

die *Sattelmuffe* oben am Sitzrohr ge-
spalten und kann mit einem *Klemmbolzen* um die Sattelstütze zusammengezogen werden.
Die Höhe des Sattels wird durch
Verschieben der Sattelstütze regu-
liert. Die Neigung und die waage-
rechte Stellung des Sattels können
mit einer Klemmvorrichtung – dem
Sattelkloben – angepaßt werden.
Manche teuren Fahrräder haben
eine Leichtmetallsattelstütze mit einer Feineinstellung für den Sattel-
stand.

■ Die Beleuchtung

Gesetzlich vorgeschrieben ist in der
Bundesrepublik Deutschland jetzt
die (sowieso übliche) Dynamobeleuchtung. Batteriebeleuchtung wird
allerdings immer noch vereinzelt benutzt – vornehmlich von Rennfahrern. Bei der Dynamobeleuchtung
wird ein *Dynamo (Lichtstrommaschine)* benutzt, der vom Reifen an-
getrieben wird und die Spannung für
Scheinwerfer und *Schlußlicht* er-
zeugt. Zur Spannungsversorgung
sind Scheinwerfer und Schlußlicht
durch Kabel mit der Kontakt-
schraube des Dynamos verbunden.
Bei Batterielampen ist die Span-
nungsquelle jeweils eingebaut – hier
sind Schlußlicht und Scheinwerfer
also unabhängig voneinander. Von
allen möglichen Fahrzeugmängeln
sind die an der Lichtanlage weitaus
am folgenschwersten. Deshalb ist es
äußerst wichtig, die Beleuchtung regelmäßig zu überprüfen und Reservebirnen (bei Batteriebeleuchtung
auch Reservebatterien) vorrätig zu
haben.

■ Das Zubehör

Ohne weiter auf die Einzelheiten
einzugehen, sei hier nur kurz das
wichtigste Zubehör erwähnt. An fast
jedem Rad vorhanden sind *Schutz-
bleche*, *Kettenschirm* (oder beim
Hollandrad der geschlossene *Kettenkasten*), *Klingel*, *Gepäckträger*,
Ständer und *Schloß*. Rennfahrer und
alle, die eine längere Fahrt machen,
sollten nicht auf eine *Luftpumpe* und
eine *Trinkflasche* verzichten. Außerdem gibt es mehr oder minder
nützliches Zubehör, wie *Kilometer-
zähler*, *Tachometer*, *Abstandskelle*
und *Rückspiegel*.

2 Das wichtigste Werkzeug zum Mitführen

Etwas Werkzeug sollte der vernünftige Radfahrer stets mitführen, auch wenn die Fahrt nicht weit ist. Bei einer Panne, die nach zehn Minuten auftritt, ist man immerhin 4 oder 5 km von der Wohnung entfernt, und das Fahrrad den Weg zurückzuschieben ist eine anstrengende und unbequeme Sache. Dabei hätte die Panne manchmal mit nur wenig

Unentbehrliches Werkzeug für unterwegs. Allerdings soll man auch eine Pumpe und einen Stofflappen dabeihaben

Werkzeug in ein paar Minuten behoben sein können!

Ähnlich sieht es bei der Wartung und Pflege des Fahrrads aus. Schmierungs- und Einstellungsarbeiten sollen regelmäßig durchgeführt werden, damit der Drahtesel zuverlässig bleibt und eine Panne vermieden wird. Solche Wartungsarbeiten erfordern nur wenig Werkzeug und Aufwand, und es macht Spaß, wenn man sie von Mal zu Mal geschickter machen lernt.

Der am Rad eingebaute Werkzeugkasten oder die am Sattel hängende Tasche faßt nur sehr wenig Werk-

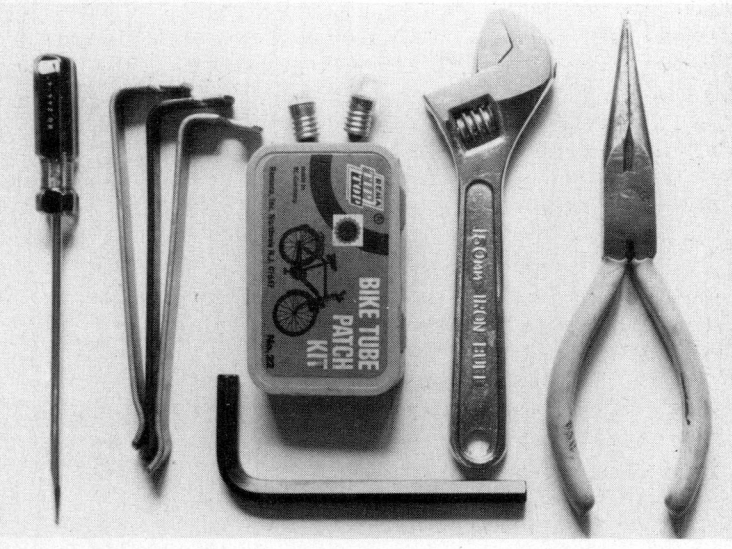

zeug. Wenn dieses wenige aber richtig ausgewählt wird, reicht es manchmal völlig für die Einstell- und Pflegearbeiten und die am häufigsten anfallenden Reparaturen aus. Außer der notwendigen Luftpumpe sollen stets mitgeführt werden:

- *Flickzeug* (nur für Drahtreifen; für Schlauchreifen muß man Reservereifen mitführen)
- *3 Reifenheber* (nur bei Drahtreifen)
- *Schraubendreher*
- *Schraubenschlüssel*
- *Speichenschlüssel*
- *Taschenmesser*
- *Reserveteile*

Dieses Werkzeug wird in einen Stofflappen gewickelt, damit es nicht klappert, nicht beschädigt wird und damit man sich nach gemachter Arbeit die Hände abwischen kann. Zu Hause soll noch eine kleine Büchse mit dünnflüssigem Öl oder ein Ölspray aufbewahrt werden.

Es gibt natürlich noch viel mehr Werkzeug, und wer die Pflege des Fahrrads ernst nehmen will, wird sich früher oder später noch manches zulegen. Dieses Werkzeug werden wir aber erst in einem späteren Kapitel besprechen. Hier wollen wir uns zuerst einmal klarmachen, wie unser wichtigstes Werkzeug aussieht und wie es eingesetzt wird.

■ Das Flickzeug

Im Flickkasten sind die zum Reifenflicken erforderlichen Teile enthalten: selbstklebende und vulkanisierende Gummi- oder Butylpflaster,

eine Tube Gummiklebstoff, Schmirgelpapier und ein Stück Ventilschlauch. So ein Kasten ist in jedem Fahrradgeschäft oder Warenhaus zu haben.

Wer Schlauchreifen fährt, hat von ihm leider nicht viel. Er soll bei einer Panne den alten Reifen abziehen und einen neuen umlegen. Wie später der kaputte Schlauchreifen repariert wird, ist in Kapitel 9 beschrieben – es ist eine langwierige Arbeit für lange Winterabende!

■ Die Reifenheber (Bild 2.1)

Reifenheber sind L-förmige Metallstäbchen, mit denen der Mantel des Reifens von der Felge abgehoben wird, wenn der Schlauch repariert oder ersetzt werden soll. Dabei ist allerdings zu beachten, daß er nur für das *Entfernen*, nie für das *Aufbringen* des Reifens benutzt werden soll, weil er sonst den Schlauch beschädigen würde. Reifenheber werden in Sätzen von drei Stück im Fahrradgeschäft verkauft.

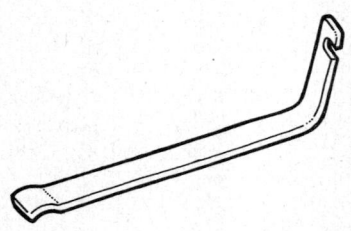

2.1 Reifenheber

■ **Der Schraubendreher**
(Bild 2.2)
Schrauben gibt es nicht nur in verschiedenen Größen, sondern auch in zwei unterschiedlichen Typen: einfache *Schlitzschrauben* und *Kreuzkopfschrauben*. Wer es richtig machen will, der hat für jede Sorte und jede Größe einen Schraubendreher mit geeigneter Klinge.

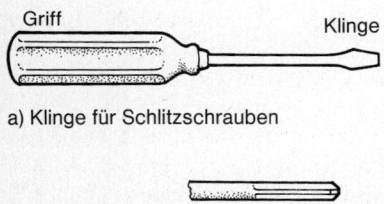

a) Klinge für Schlitzschrauben

b) Klinge für Kreuzschlitzschrauben

2.2 Schraubendreher

Das ist aber eine Feinheit, die wir uns beim Pannenwerkzeug nicht immer leisten können. Deshalb wählen wir einen ziemlich schmalen Schraubendreher mit einer Klingenbreite von etwa 3 bis 4 mm, der – wenigstens für die meisten kleinen Schrauben unseres Fahrrads – sowohl für einfache Schlitzschrauben wie für manche Kreuzschlitzschrauben einzusetzen ist. Es gibt ihn im Eisenwarengeschäft, im Warenhaus und im Fahrradgeschäft.

■ **Der Schraubenschlüssel**
Schraubenköpfe und Muttern sind normalerweise sechskantig und wollen nicht etwa mit einer Zange, sondern nur mit dem passenden Schraubenschlüssel gelockert, festgezogen oder gehalten werden. Es gibt Schraubenschlüssel in verschiedenen Ausführungen; für unsere Zwecke ist aber der *Rollgabelschlüssel* (Bild 2.3), der manchmal einfach *verstellbarer Schraubenschlüssel* genannt wird, am nützlichsten.
Dieser ist auf verschiedene Schraubengrößen einstellbar, und es gibt ihn in verschiedenen Längen; für uns genügen etwa 15 cm Länge. Wichtig ist es, ihn stets genauestens auf die Flächenbreite des Sechskantes einzustellen, damit dieser nicht beschädigt wird (dann könnte er sogar mit dem besten Werkzeug nicht mehr betätigt werden). Der Rollgabelschlüssel ist überall erhältlich, wo Werkzeug verkauft wird.

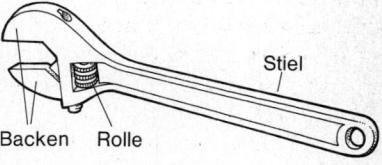

Stiel

Backen   Rolle

2.3 Rollgabelschlüssel

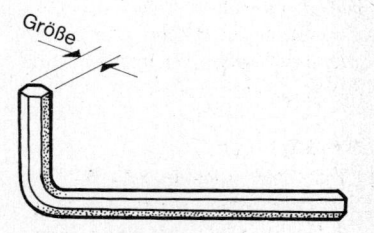

Größe

2.4 Inbusschlüssel

Neben den Sechskantbolzen werden heutzutage immer mehr die sogenannten *Inbusschrauben*, bei denen eine sechskantige Einsparung in den runden Kopf eingefräst ist, verwendet. Dazu paßt nur der entsprechende *Inbusschlüssel* (Bild 2.4). Wer an seinem Fahrrad solche Schrauben hat, sollte sich die Schlüssel der richtigen Größe besorgen.

■ Der Speichenschlüssel

Der *Speichenschlüssel* oder *Nippelspanner* (Bild 2.5) wird zum Nachspannen der Speichen der Laufräder

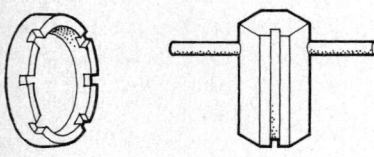

2.5 Speichenschlüssel

benutzt. Diese Arbeit ist manchmal notwendig, wenn das Rad einen sogenannten *Achter* hat, d.h. wenn das Rad beim Drehen hin und her flattert. Der Schlüssel ist nur im Fahrradfachgeschäft zu haben; wenn's sein muß, kann man aber auch den kleinen Rollgabelschlüssel verwenden.

■ Reserveteile

Ein paar Reserveteile soll jeder Radfahrer immer dabei oder wenigstens zu Hause „auf Lager" haben: Reservebirnen für die Lichtanlage, ein paar Speichen der richtigen Länge, Ventilteile, ein paar Schrauben und

Muttern der gängigsten Größen, einen Schlauch (oder für das Rennrad einen Schlauchreifen), einen Bremszug und – für das Rad ohne Kettenschaltung – ein Kettenschloß. Nur wer Batteriebeleuchtung hat, müßte zusätzlich noch Reservebatterien mitführén, sonst ist diese Liste wohl auch für die längste Fahrt ausreichend.

Es ist darauf zu achten, daß die Birnen für die Lichtanlage auch die richtigen sind: normalerweise 6 Volt/2,4 Watt vorne und 6 Volt/0,6 Watt hinten. Bei einer Verwechslung besteht nicht nur die Gefahr, daß die Birne entweder zu schnell durchbrennt oder zu wenig Licht abgibt, sondern es dürfte dann auch der Lichtkegel – wegen der unterschiedlichen Anordnung des Glühdrahts in der Birne – falsch fallen.

3 Wenn es mal eine Panne gibt

In diesem Kapitel wollen wir uns den am häufigsten anfallenden Reparaturen widmen, die manchmal auf der Straße durchgeführt werden müssen.

Dabei steht der immer noch nicht beseitigte Plattfuß an erster Stelle.

Darüber hinaus werden wir hier schon folgende Reparaturen besprechen:

■ Lichtanlagestörungen;
■ Probleme der Kettenschaltung;
■ Probleme der Nabenschaltung.

Weitere Reparaturarbeiten – die in den späteren Kapiteln dieses Buches beschrieben werden – sind eher eine Sache für Liebhaber: Wer solche Arbeiten nicht machen möchte, überläßt sie dem Fachmann. Hier nur das Allerwichtigste.

Vorgang

1. Fahrrad umgekehrt aufstellen.
2. Wer Schnellspann-Naben oder Flügelmuttern hat, hat es leichter, wenn er das Rad ausbaut, es ist aber nicht unbedingt erforderlich.
3. Reifendecke vorsichtig ringsherum prüfen: Nägel, Dornen oder Glas entfernen und die Stelle markieren.
4. Ventil aufmachen, die Sicherheitsmutter entfernen.
5. Ventilgehäuse nach innen drükken und Reifendecke über den ganzen Umfang vom Felgenrand nach innen in die Vertiefung der Felge zwängen (Bild 3.1).

Plattfuß (Drahtreifen)

Erst einmal feststellen, ob es am Ventil liegt: Die Mutter soll fest angezogen sein, der Ventilschlauch soll nicht löchrig sein und ganz über der Wölbung anliegen. Noch mal aufpumpen. Wenn die Luft wieder ausströmt, wird es ernst:

Erforderliches Werkzeug
Reifenheber
Flickzeug
Luftpumpe

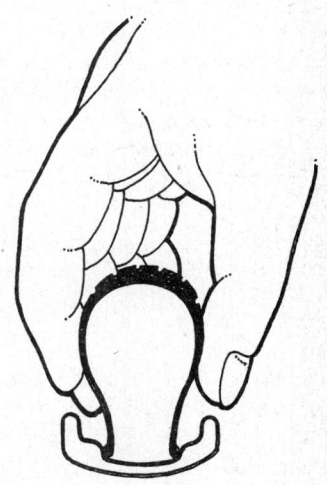

3.1 Reifen eindrücken

25

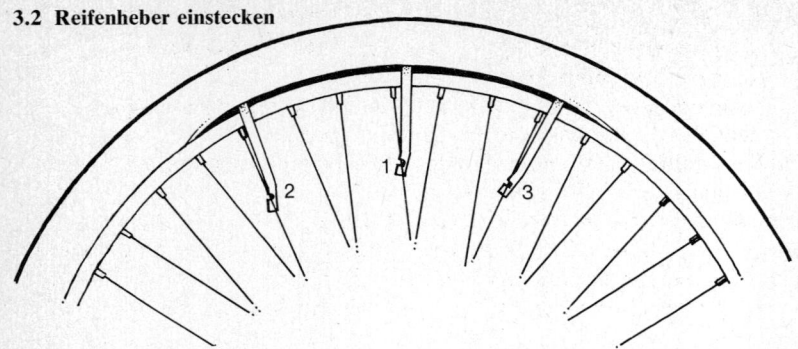

6. Beim Hinterrad auf der der Kette gegenübergestellten Seite weiterarbeiten.

7. Reifenheber Nr. 1 nach Bild 3.2 einsetzen und mit dem kurzen Ende bei einer Speiche einhaken.

8. Reifenheber Nr. 2 zwei Speichen weiter ebenso einsetzen.

9. Reifenheber Nr. 3 einsetzen; jetzt fällt der mittlere hinunter: Wenn nun der Reifen noch nicht von Hand abzumachen ist, kann der Reifenheber Nr. 1 einige Speichen weiter als Nr. 4 wieder eingesetzt werden.

10. Reifendecke einseitig von Hand abziehen.

11. Beim Ventil angefangen, den Schlauch hinausziehen.

12. Ventil einstecken und festschrauben.

13. Schlauch aufpumpen und beobachten, wo Luft austritt: Stelle(n) markieren. Falls nichts zu hören, ist das Loch entweder sehr groß (dann sieht man es leicht) oder sehr klein (dann muß der Reifen in Wasser getaucht werden; wo Blasen aufsteigen, ist das Loch; Stelle markieren, Schlauch gut trocknen).

14. Ein passendes Pflaster auswählen, Folie noch nicht abziehen.

15. Mit dem Schmirgelpapier um das Loch eine Fläche, die etwas größer als das Pflaster ist, säubern und aufrauhen.

16. Klebstoff dünn auftragen, drei Minuten warten, nicht pusten.

17. Metallfolie von Pflaster entfernen, Transparentfolie drauf lassen.

18. Pflaster auftragen und fest andrücken.

19. Schlauch (nicht zu fest) aufpumpen, um festzustellen, ob die Reparatur richtig durchgeführt wurde.

20. Reifendecke innen prüfen und Fremdkörper entfernen.

21. Luft ablassen, Ventilteile entfernen.

22. Ventil in die Felge einstecken und zusammenschrauben, nur sehr wenig aufpumpen.

23. Schlauch unter der Decke über die Felge zwängen.

24. Luft wieder ablassen und Ventil festschrauben; jetzt Reifendecke *ohne Werkzeug* über den Felgenrand zwängen – das geht, wenn man sie wieder nach Bild 3.1 in die Mitte der Felgenhöhle zwängt.
25. Schlauch teilweise aufpumpen; Reifendecke „kneten", bis man sicher ist, daß der Schlauch nicht verklemmt oder verdreht ist.
26. Richtig aufpumpen.
27. Falls das Rad ausgebaut wurde, soll beim Wiedereinbau die Felgenbremse entspannt werden; nachher wieder richtig spannen und prüfen.

Reifenmäntel und Schläuche gibt es in verschiedenen Größen; sie sollen passend zur Felge gekauft werden

Plattfuß (Schlauchreifen)

Erforderliches Werkzeug
Luftpumpe
Reserveschlauchreifen

Vorgang (Bild 3.3)
1. Rad ausbauen (mit Schnellspannhebel).
2. Ventilkappe entfernen. Ventil aufdrehen.
3. Schlauchreifen von der Felge abziehen: gegenüber dem Ventil beginnen.

3.3 Schlauchreifen abziehen

4. Reserveschlauchreifen umlegen; dabei beim Ventil anfangen. Bei einem neuen Schlauchreifen muß sehr kräftig gezogen werden, bis er sich ausreichend gedehnt hat.

Der Reifen wird vorläufig nicht verklebt, weil der Klebstoff längere Zeit trocknen soll. Die Reparatur des Schlauchreifens, die erst später zu Hause durchgeführt wird, ist in Kapitel 9 beschrieben.

Lichtanlagestörungen

Erforderliches Werkzeug
Schraubendreher
Reservebirnen
Taschenmesser

Vorgang (Bild 3.4)
Erst mal feststellen, ob nur eine Birne nicht funktioniert, oder beide. Wenn beide Birnen versagen, liegt es wahrscheinlich an der Lichtstrommaschine. Wenn nur eine versagt, ist die mögliche Ursache:

a. Die Birne ist locker oder kaputt: festziehen oder ersetzen.
b. Die Masseschraube ist locker: festziehen.
c. Das Anschlußkabel an der Lampe oder bei der Lichtstrommaschine ist locker: befestigen.
d. Das Lichtkabel ist gerissen: dann braucht man ein neues oder das alte muß geflickt werden (Isolierung abmachen und Enden zusammenflechten, anschließend wieder mit wasserfestem Isolierband umwickeln).

Falls beide Lampen versagen, fängt man gleich bei der Lichtstrommaschine an. Mögliche Ursache:
a. Die Reibungsrolle haftet nicht auf dem Reifen; meistens bei Schnee oder Regen. Vielleicht geht es besser, wenn der Druck auf den Reifen erhöht wird, indem die Dynamohalterung nach innen gebogen wird. Es gibt auch Gummi-

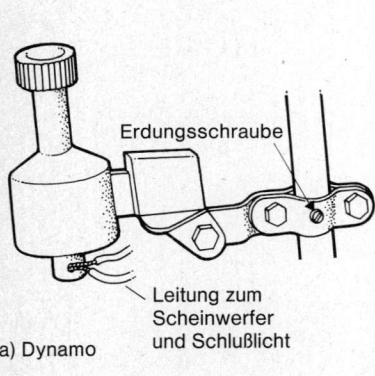

Erdungsschraube

Leitung zum
Scheinwerfer
und Schlußlicht

a) Dynamo

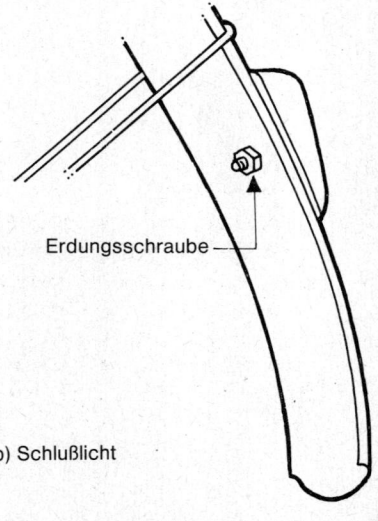

Erdungsschraube

3.4 Lichtanlage

b) Schlußlicht

28

kappen für die Rolle; wer Schlauchreifen hat, braucht so eine Kappe unbedingt. Schließlich ist noch zu beachten, daß manchmal nur *eine* Seite des Reifens mit Rillen für den Antrieb des Dynamos ausgestattet ist – gegebenenfalls Rad oder Reifen umdrehen.

b. Der Kabelanschluß für beide Lampen ist locker: festziehen.

c. Die Masseschraube des Dynamos ist locker: festziehen.

d. Eines der Kabel ist mit dem Metall des Fahrrads kurzgeschlossen: nachprüfen und gegebenenfalls lockern, später mit wasserfestem Isolierband umwickeln.

Kettenschaltungsprobleme – Kette abgesprungen

Die Kette springt bei einem Rad mit Kettenschaltung manchmal ab, wenn eine der *Anschlagschrauben* nicht richtig eingestellt ist. Es wird dann nämlich beim Schalten die Kette am letzten Kettenblatt oder dem letzten Ritzel vorbeigedrückt. Manchmal verklemmt sie sich dabei zwischen Kettenblatt und Tretkurbel (vorn) oder zwischen Ritzel und Rahmen oder Speichen (hinten). Zur Behebung genügt es nicht, die Kette wieder umzulegen: Der Umwerfer soll gleichzeitig auch richtig eingestellt werden.

Erforderliches Werkzeug
Schraubendreher
Stofflappen

Vorgang
1. Feststellen, ob die Kette vorne oder hinten, nach innen oder nach außen abgesprungen ist.

2. Die Kette wieder umlegen – dabei einen Lappen benutzen.

3. Beim verantwortlichen Umwerfer die Anschlagschrauben der Schaltwegbegrenzung suchen – jene Schräubchen, die unter dem Kopf mit einer Spiralfeder ausgestattet sind (Bild 3.5).

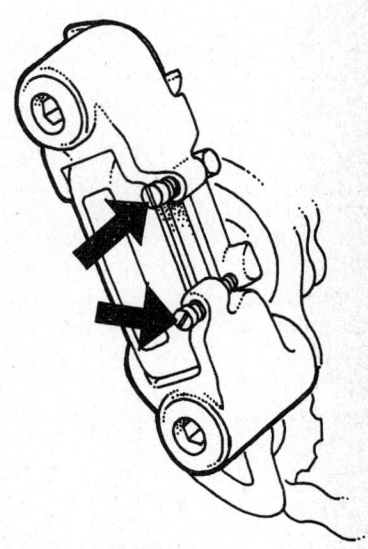

3.5 Anschlagschrauben

4. Feststellen, welche dieser Schrauben den Schaltweg in der entsprechenden Richtung begrenzt.

Manchmal sind sie bezeichnet, z.B. mit den Buchstaben *L* (*low* = niedrig) oder *H* (*high* = hoch), wenn nicht, muß man es selbst herausfinden, indem man den Bedienungshebel hin und her bewegt und beobachtet, welche Schraube einrasten sollte.

5. Diese Schraube etwas fester anziehen, vielleicht eine halbe Umdrehung.

6. Jetzt nacheinander sämtliche Gänge schalten und mit der Begrenzungsschraube so lange regulieren, bis die Schaltung einwandfrei funktioniert.

Kettenschaltungsprobleme – Schaltzug gerissen

Wenn bei der Kettenschaltung der Schaltzug reißt, schaltet der Umwerfer meistens zum kleinsten Zahnritzel (hinten) oder zum größeren Kettenblatt (vorn). Wenn das vorn passiert, ist das nicht so schlimm; hinten bedeutet das aber, daß ein hoher Gang eingelegt wird. Wenn das unbequem ist und man den Schaltzug nicht austauschen kann, ist der Umwerfer leicht so einzustellen, daß er in einem niedrigen Gang stehenbleibt:

Erforderliches Werkzeug
Schraubendreher
Stofflappen

Vorgang
1. Den kaputten Schaltzug entfernen und so befestigen, daß er sich nicht mit einem beweglichen Teil des Fahrrads verheddert.
2. Die Kette auf ein günstiges Zahnritzel, z.B. das mittlere, legen.
3. Jetzt beide der oben schon erwähnten Anschlagschrauben zur Begrenzung des Schaltwegs so einstellen, daß die Kette permanent in dieser Stellung geführt wird (Bild 3.5).

Nabenschaltungsprobleme

Es kann passieren, daß bei der Dreigangschaltung plötzlich der Antrieb aussetzt. Wenn es sich um eine Nabe mit Rücktritt handelt, ist das besonders gefährlich, weil dann auch die Bremswirkung verlorengeht. Die richtige Einstellung ist dann manchmal nur schwer vorzunehmen (Beschreibung in Kapitel 4). Der hier beschriebene Vorgang ist eine Art „Notlösung".

Erforderliches Werkzeug
Kein Werkzeug erforderlich

Vorgang (Bild 3.6)
1. Die *Rändelmutter* der Einstellvorrichtung an der Nabe eine halbe Umdrehung zurückdrehen, damit sie gelockert wird.

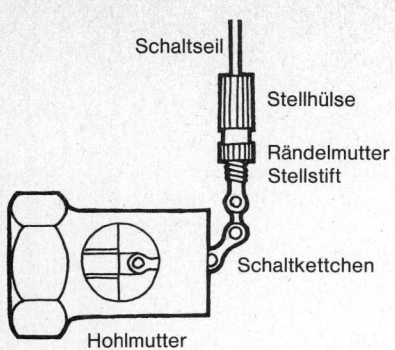

Schaltseil

Stellhülse

Rändelmutter
Stellstift

Schaltkettchen

Hohlmutter

Detail, Einstellvorrichtung

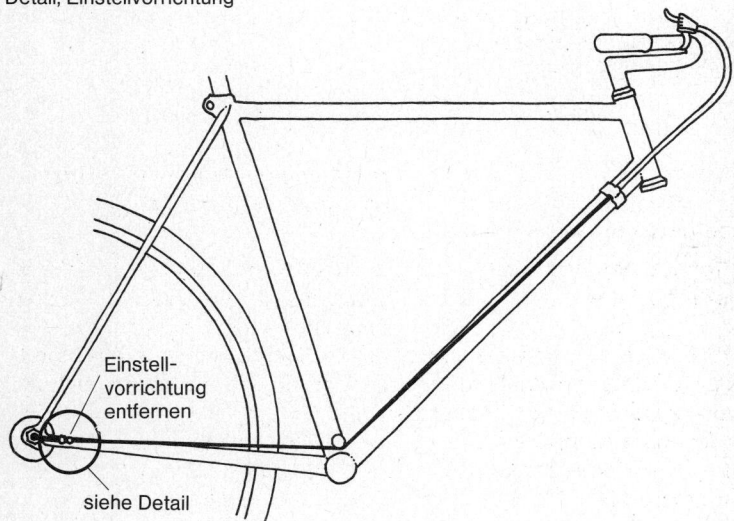

Einstell-
vorrichtung
entfernen

siehe Detail

3.6 Dreigangnabe – Einstellung

2. Die *Einstellhülse* ganz vom Gewinde des Zugkettchens abdrehen
und das Schaltseil so am Rahmen
befestigen, daß es nicht stört.

3. Das Zugkettchen aus der Nabe
entfernen, indem es nach links gedreht wird. Gut aufbewahren.

4. Dadurch ist der Berggang ständig
eingelegt. Wer etwas mehr Zeit
hat, soll das richtige Einstellen
gleich wie in Kapitel 4 beschrieben durchführen. Dazu wird
ebenfalls kein Werkzeug gebraucht, nur mehr Zeit.

Tretkurbel festziehen
(verkeilt) (Bild 3.7)

Erforderliches Werkzeug
Schraubenschlüssel

Vorgang
Mutter des Keils festziehen.

Tretkurbel festziehen
(keillos) (Bild 3.8)

Erforderliches Werkzeug
Kurbelabzieher des gleichen Fabrikats wie der Tretlagersatz

Vorgang
Staubkappe entfernen; Bolzen oder Mutter fest anziehen; Staubkappe aufschrauben.

3.7 Verkeilte Tretkurbel

3.8 Keillose Tretkurbel

4 Die kleinen Einstellarbeiten

Neben den im vorigen Kapitel behandelten, unterwegs manchmal notwendigen Reparaturen, sind manchmal einige leichte Einstellarbeiten erforderlich. Solche Arbeiten sind beim modernen Fahrrad so einfach, daß jeder Fahrradbesitzer leicht lernen kann, sie selbst durchzuführen. Die wichtigsten Einstellarbeiten sind diese:

■ Einstellen der Felgenbremsen
■ Einstellen der Nabenschaltung
■ Einstellen der Kettenschaltung
■ Nachspannen der Kette
■ Richten des Laufrads
■ Einstellen des Lenkers
■ Einstellen des Sattels

Auch für diese Arbeiten genügt schon das in Kapitel 2 beschriebene einfache Werkzeug, das am Fahrrad mitgeführt wird. Sogar derjenige, der in die Materie der Fahrradpflege weiter einsteigen möchte, wird sich mit diesem Werkzeug manchmal schon gut zu helfen wissen. Er sollte aber auch die übrigen Kapitel dieses Buches durchlesen, damit er sich mit den ,,exotischeren" Werkzeugen vertraut macht und sich mit den einzelnen Arbeiten der Wartung, Pflege und Reparatur auseinanderzusetzen lernt. Was im folgenden beschrieben wird, trifft dagegen auf *jeden* Radfahrer zu, der sich auf seine Maschine verlassen will.

Einstellen der Felgenbremse

Ein optimales Funktionieren der Felgenbremse ist nur möglich, falls drei Kriterien erfüllt sind:

a. Der Bremszug soll richtig gespannt sein, damit beim Betätigen des Bremsgriffes die Bremsgummis kräftig genug gegen die Felgen gedrückt werden.

b. Die Bremsgummis sollen richtig an der Felge anliegen.

c. Die Felge soll nicht eiern.

Die letztgenannte Voraussetzung wird durch das Nachspannen der Speichen oder Richten des Laufrads (Beschreibung auf Seite 41) erfüllt. Die beiden anderen Kriterien werden hier schon behandelt. Die Kontrollen, ob ein Nachstellen erforderlich ist, sind in der Beschreibung enthalten; sie sollen ziemlich regelmäßig – etwa einmal pro Woche, möglichst sogar vor jedem Fahrtantritt – durchgeführt werden.

■ Nachspannen des Bremszugs

Der Bremszug wird mit einer *Nachstellvorrichtung* aus *Einstellhülse* und *Rändelmutter* eingestellt (Bild 4.1). Sie befindet sich bei einer Seitenzugbremse direkt an einer der Bremszangen (Bild 4.2), bei der Mittelzugbremse am Aufhängepunkt für den Außenmantel des Bremszugs.

Erforderliches Werkzeug

Meistens kein Werkzeug erforderlich, manchmal aber ein Rollgabelschlüssel (besser, falls vorhanden, ein passender Schraubenschlüssel).

Vorgang

1. Bei entspannter Bremse prüfen, ob das Laufrad frei dreht, ohne von der Bremse verzögert oder gar angehalten zu werden. Wenn das der Fall ist, ist entweder der Bremszug zu fest, die Bremse verdreht oder das Laufrad nicht richtig ausgerichtet. Vorläufig wollen wir davon ausgehen, daß es am Bremszug liegt.

2. Falls erforderlich, Bremszug lockern (siehe Bild 4.1):
   a. Rändelmutter soweit wie möglich lockern.
   b. Stellstift eindrehen, bis das Laufrad frei dreht.
   c. Mit einer Hand den Stellstift halten, mit der anderen die Rändelmutter festziehen.

3. Feststellen, ob der Bremszug (jetzt) nicht zu locker ist. Dazu beim stehenden Fahrrad den Bremshebel betätigen und durch Schieben des Rads feststellen, ob die Bremse kräftig verzögert. Es ist dabei zu beachten, daß der Bremshebel nicht ganz bis zum Anschlag gezogen werden braucht: zwei Finger sollen zwischen Griff und Lenker passen. Wenn zuwenig Spielraum ist, dann ist der Bremszug zu locker. Falls er bei dem vorangegangenen Arbeitsgang nicht gelockert wurde, liegt der Fehler am Laufrad.

4. Falls erforderlich, Bremszug spannen (Bild 4.1):
   a. Rändelmutter ganz wenig lockern.
   b. Stellhülse ausdrehen (nach links), bis die Bremse richtig anhält.
   c. Rändelmutter mit einer Hand festziehen, während die Stellhülse mit der anderen Hand gehalten wird.

5. Sicherheitshalber soll der Vorgang nach Punkt 1, zur Feststellung, ob (jetzt) der Bremszug nicht zu fest angezogen ist, noch einmal wiederholt werden. Falls der Bremszug nicht richtig einzustellen ist, muß das Laufrad ausgerichtet werden (siehe Seite 41).

Falls der Einstellbereich der Stellhülse für die erforderliche Einstellung nicht ausreicht, soll das Bremsseil an seinem Befestigungspunkt angezogen werden.

■ Bremsseil anziehen

Erforderliches Werkzeug

Rollgabelschlüssel (oder passender Schraubenschlüssel)
Außerdem wird hierzu ein Helfer oder ein Spezialwerkzeug, das *Dritte Hand* heißt, benötigt.

Vorgang (siehe Bild 4.1 und 4.2)
1. Rändelmutter bis zum Anschlag lockern.
2. Stellstift bis zum Anschlag eindrehen.
3. *Kabelaugenmutter* lockern.

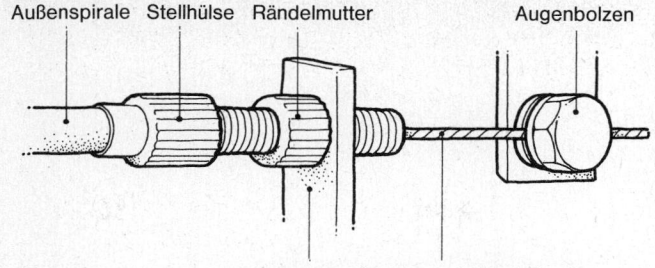

Außenspirale Stellhülse Rändelmutter   Augenbolzen

Ankerung Brems- oder Schaltseil

4.1 Nachstellvorrichtung

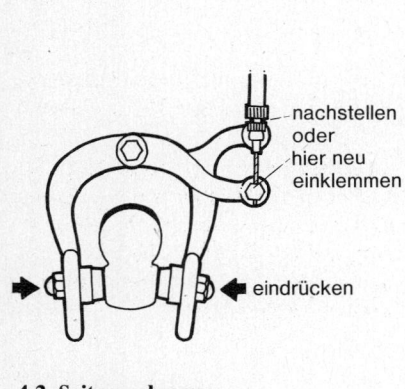

nachstellen oder hier neu einklemmen

eindrücken

4.2 Seitenzugbremse

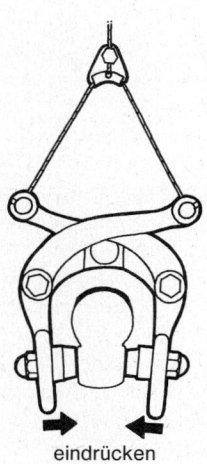

eindrücken

4.3 Mittelzugbremse

4. Während der Helfer (oder die *Dritte Hand*) die Bremszangen zusammendrückt: Kabel anziehen.
5. Kabelaugenmutter festziehen.
6. Stellstift und Rändelmutter richtig einstellen, wie im vorangegangenen Arbeitsgang beschrieben.

■ Einstellen des Bremsschuhs

Erforderliches Werkzeug
Rollgabelschlüssel (oder passender Gabelschlüssel)

Vorgang
1. Bremsgriff anziehen und feststellen, ob beide Bremsgummis richtig anliegen, d.h. nach Bild 4.4.
2. Falls erforderlich, nachstellen:

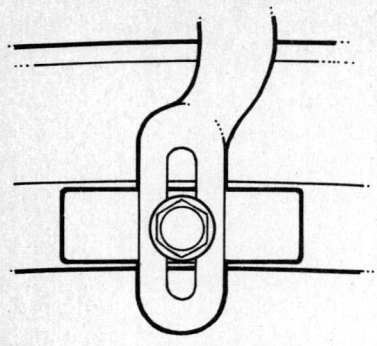 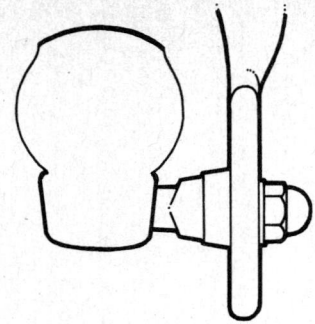

4.4 Auflage der Bremsgummis

a. Mutter lockern.
b. Bremsschuh verschieben, bis er den Erfordernissen des Bilds 4.4 entspricht.
c. Mit einer Hand den Bremsschuh halten, während die Mutter mit dem Gabelschlüssel festgezogen wird.

Die Bremsschuhe der französischen Firma *Mafac* haben eine zusätzliche *Winkeleinstellung* nach Bild 4.5. Es empfiehlt sich, dort

diese Einstellung auch durchzuführen, damit die Bremsschuhe flach anliegen. Bei Bremsschuhen anderer Fabrikate wird diese Einstellung durch Verschleiß des Bremsgummis allmählich erreicht. Bei einseitig eingeklemmten Bremsgummis ist noch zu beachten, daß die *offene* Seite der Halterung *hinten* liegen muß, damit das Gummi beim Bremsen nicht hinausgedrückt wird.

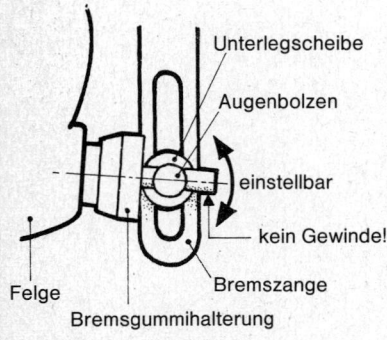

4.5 Mafac-Bremsschuhe

Unterlegscheibe
Augenbolzen
einstellbar
kein Gewinde!
Felge
Bremszange
Bremsgummihalterung

Einstellen der Dreigangnabenschaltung

Die Dreigangnabe muß ab und zu nachgestellt werden, wenn die Gänge nicht mehr richtig eingelegt werden können. Dazu ist rechts von der Nabe ein mit dem Schaltkettchen verbundener Stellstift angebracht, mit dem die Schaltzugverlängerung ausgeglichen werden kann. Zuerst soll aber überprüft werden, ob der Schaltzug überall frei läuft und nicht verklemmt oder geknickt ist (gegebenenfalls ersetzen).

Die Dreigangnabe wird mit der Stellhülse eingestellt (Mitte rechts)

■ Fichtel & Sachs (Torpedo)-Nabe

Erforderliches Werkzeug
Kein Werkzeug erforderlich

Vorgang (ältere Modelle; neueres Modell H 3111 siehe weiter unten)
1. Den Schalthebel so einstellen, daß die Markierung des Hebels dem Pfeilchen auf dem Gehäuse gegenübersteht; dort festhalten (Bild 4.6).

2. Bei diesem Stand soll der Freilauf nach vorn eingelegt sein; es soll also möglich sein, die Tretkurbel beim stillstehenden Laufrad zu drehen. Falls dies nicht gelingt, ist die Nabe falsch eingestellt.

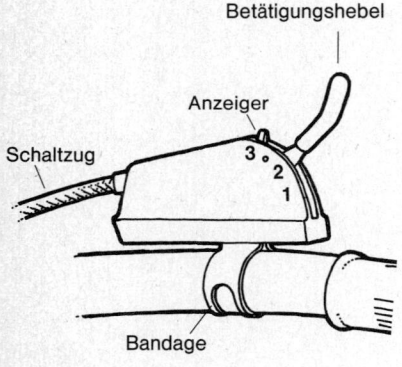

Betätigungshebel

Anzeiger

Schaltzug

3
2
1

Bandage

4.6 Torpedo-Schalter

3. Falls notwendig, muß die Einstellvorrichtung richtig eingestellt werden:
   a. Rändelmutter ganz zurückdrehen.
   b. Gewinde des Schaltkettchens festhalten, während mit der anderen Hand die Stellhülse verdreht wird. Einige Male ausprobieren, bis der Leerlauf erreicht ist.
   c. In dieser Stellung Stellhülse und Kettchen festhalten und die Rändelmutter fest anziehen.
4. Sicherheitshalber sämtliche Gänge ausprobieren und, falls erforderlich, den Einstellvorgang wiederholen.

Vorgang (neueres Modell H 3111)
1. Den Schalthebel auf Gangstellung 3 stellen und Tretkurbel eine halbe Umdrehung weiterdrehen, damit der 3. Gang einrastet.
2. Schaltseil durch Verdrehen der Stellhülse so weit nachspannen, daß sich schon beim geringsten Zug am Schalthebel das Schaltkettchen bewegt. Falls das Gewinde der Stellhülse nicht ausreicht, müssen die Seilbefestigungen oder Führungsrollen auf dem Fahrradrahmen entsprechend versetzt werden.
3. Einstellhülse festhalten und Rändelmutter fest dagegenschrauben.
4. Sämtliche Gänge ausprobieren. Beim Einlegen des 1. Ganges darf sich das Schaltkettchen nicht weiter von Hand aus der hohlen Achsenmutter herausziehen lassen.

■ **Sturmey-Archer-Nabe**

Erforderliches Werkzeug
Kein Werkzeug erforderlich

Vorgang
1. Schalthebel in Stand 2 (Normalgang) einstellen.
2. In die offene Mutter an der rechten Seite des Hinterrads schauen; feststellen, ob die Situation mit dem Bild 4.7 übereinstimmt.
3. Falls erforderlich, nachstellen:
   a. Rändelmutter ganz lösen.
   b. Mit einer Hand das Kettchen festhalten, während mit der anderen Hand die Einstellhülse ein-

oder ausgedreht wird, bis Bild 4.7 zutrifft.

c. Hülse und Kettchen festhalten und Rändelmutter in dieser Position festziehen.

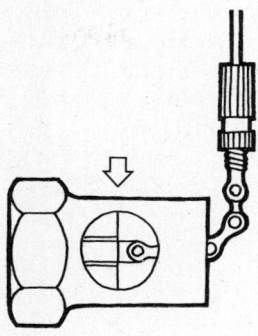

4.7 S-A-Einstellung

Einstellen der Kettenschaltung

Zusätzlich zur Einstellung der Anschlagschraube (siehe Kapitel 3) kann es erforderlich sein, das Schaltseil zu spannen, wenn sich einzelne Gänge nicht mehr einlegen lassen.

■ **Schaltseil nachspannen**

Erforderliches Werkzeug
Meistens kein Werkzeug erforderlich; manchmal aber Rollgabelschlüssel oder für das jeweilige Fabrikat passender Schraubenschlüssel.

Vorgang (Bild 4.8 und 4.9)

1. Schalthebel nach vorn legen (oder, bei dem Lenkerendenschalthebel, nach hinten).
2. Umwerfer auf das entsprechende Ritzel legen (hinten immer das kleine, vorn meistens das kleine Kettenblatt, ausgenommen manche Modelle der Marke *Sun-Tour*).
3. Der Schaltzug soll jetzt gerade etwas gespannt sein – jedenfalls nicht merkbar locker. Falls dies nicht stimmt, muß nachgestellt werden; der Stellstift ist immer am Umwerfer eingebaut:
   a. Rändelmutter lockern.
   b. Stellhülse einschrauben.
   c. Bei festgehaltener Stellhülse die Rändelmutter festziehen.

Falls die erforderliche Einstellung den Bereich der Nachstellvorrichtung überschreitet, soll das Schaltseil selbst weiter eingeklemmt werden:

a. Rändelmutter ganz ausdrehen.
b. Stellhülse ganz eindrehen.
c. Befestigungsmutter des Schaltseils lockern.
d. Schaltseil fest nach hinten ziehen und Mutter festziehen.
e. Nochmals mit der Stellhülse nachstellen.

Kette nachspannen

Bei einem Rad mit Kettenschaltung ist immer eine gefederte Kettenspanneinrichtung eingebaut, und damit ist normalerweise bei solchen

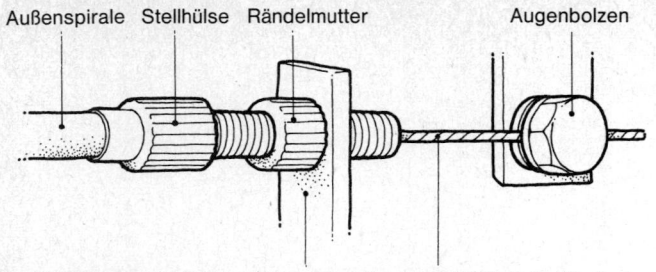

Außenspirale Stellhülse Rändelmutter   Augenbolzen

4.8 Einstellvorrichtung   Ankerung   Brems- oder Schaltseil

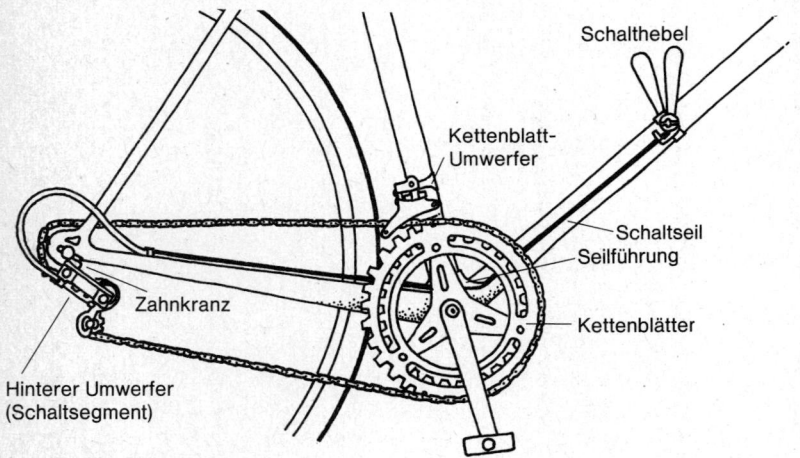

Schalthebel

Kettenblatt-
Umwerfer

Schaltseil
Seilführung

Zahnkranz

Kettenblätter

Hinterer Umwerfer
(Schaltsegment)

4.9 Kettenschaltung

Rädern keine weitere Anpassung der Kettenlänge erforderlich. Anders ist es beim Rad ohne Kettenschaltung: Hier soll regelmäßig nachgeprüft werden, ob die Kette nicht zu locker ist.

Erforderliches Werkzeug
Rollgabelschlüssel

Vorgang (Bild 4.10)
1. Fahrrad umgekehrt aufstellen.

2. Überprüfen, ob die Kette mit den Erfordernissen des Bildes 4.8 übereinstimmt.
3. Falls erforderlich, so einstellen:
a. Hinterradachsenmutter beidseitig lockern; falls Backenbremse oder Rücktrittbremse vorhanden, auch die Bremsbandage lockern.
b. Rad nach hinten (falls die Kette zu locker war) oder nach vorn (falls die Kette zu fest war – kommt selten vor) verschieben.

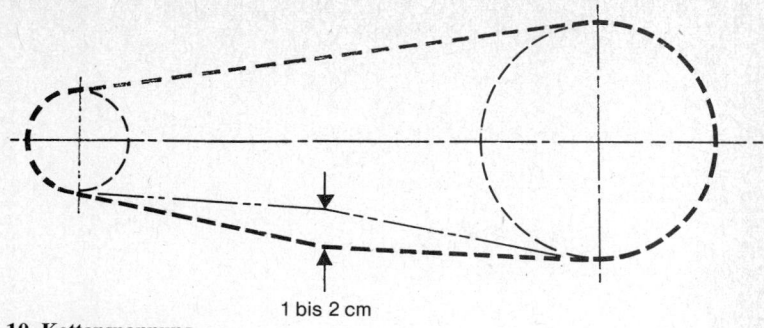

1 bis 2 cm

4.10 Kettenspannung

Dabei soll beachtet werden, daß das Rad gerade ausgerichtet sein soll, also parallel zu dem Rahmen (zwischen Felge und Hinterrohr oder Strebe soll auf beiden Seiten gleich viel Zwischenraum sein).

c. Achsenmutter, gegebenenfalls Bremsbandage festziehen.

d. Falls eine Kettenspannschraube vorhanden ist (wie manchmal beim Tourenrad oder beim Hollandrad), soll die zugehörige Mutter in dieser Position ebenfalls festgezogen werden, damit das Rad auch tatsächlich so eingestellt bleibt (Bild 4.11).

Augenbolzen paßt
um Radachse

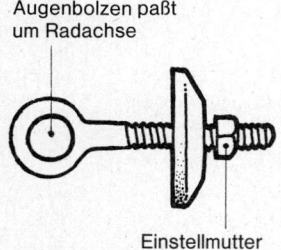

Einstellmutter

4.11 Kettenspannschraube

Laufrad richten

Manchmal verliert ein Laufrad seine kreisrunde Form, z.B. nachdem das Rad bei einem Zusammenstoß oder durch eine Straßenunebenheit beschädigt wurde. Auch die einfache Ausdehnung der Speichen trägt manchmal dazu bei. Für die richtige Wirkung der Felgenbremsen ist es wichtig, daß die Felge nicht eiert.

Die Arbeit des Richtens ist leicht selbst durchzuführen. Dazu soll man zuerst das Laufrad und die Speichen noch einmal genau betrachten: Die Speichen verlaufen abwechselnd von der linken und der rechten Seite der Nabe zur Felge. Werden die einzelnen Speichen in einem Bereich mehr oder minder fest angezogen, wird die Felge dort nach links oder nach rechts gezogen. Wenn alle Speichen zu locker sind, dürfte das ganze Rad seine Stabilität verlieren. Das Richten des Rads beruht deshalb auf dem richtigen Anziehen der Speichen, bis es exakt rund ist und seitlich nicht ausschlägt. Bei einem neuen Rad

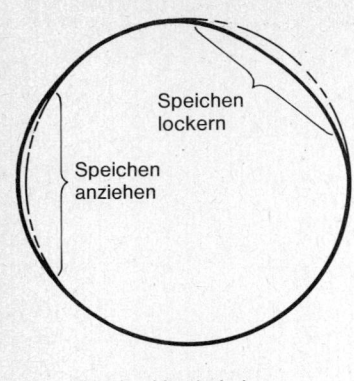

Speichen
lockern

Speichen
anziehen

Hochschlag beheben

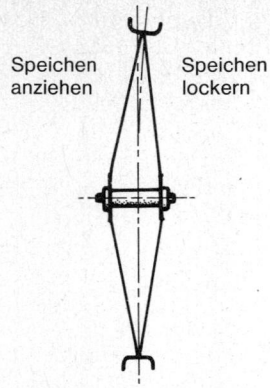

Speichen
anziehen

Speichen
lockern

Seitenschlag beheben

4.12 Richten eines Laufrads

sollen sämtliche Speichen nach etwa 50 km gleichmäßig fest nachgespannt werden.

Erforderliches Werkzeug
Speichenschlüssel oder kleiner Rollgabelschlüssel
Kreide oder Filzstift

Vorgang
1. Das Fahrrad umgekehrt aufstellen.
2. Zuerst sollen sämtliche Speichen gleich fest angezogen werden.
   a. Jeweils paarweise zusammendrücken; sie sollen nur wenig nachgeben.
   b. Falls erforderlich, die Speichen, die locker sind, durch Einschrauben des Nippels (Bild 4.12) nachspannen – eine halbe Umdrehung genügt manchmal.

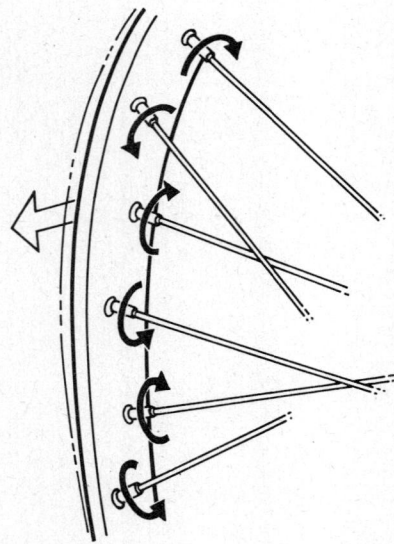

3. Das Laufrad drehen und – z.B. auf der Höhe der Felgenbremse – feststellen, in welchem Bereich die Felge zu weit nach links oder

42

nach rechts schlägt; die Felge an der betreffenden Stelle mit Kreide oder Filzstift markieren.

4. Im zutreffenden Bereich sollen die am gleichseitigen Nabenflansch befestigten Speichen ganz wenig (jeweils nur eine Viertelumdrehung) *gelockert*, jene, die am gegenüberliegenden Nabenflansch befestigt sind, *fester angezogen* werden (Bild 4.12).

5. Den ganzen, in den Punkten drei und vier, beschriebenen Ablauf wiederholen, bis die Felge gerichtet ist.

Lenker einstellen

Die genauen Maße (wie hoch, wie schräg und wie weit vom Sattel entfernt) des Lenkers sind in Kapitel 5 des Buches *Vom Fahrrad und vom Radfahren* beschrieben. Hier soll nur gezeigt werden, wie die Einstellung durchgeführt wird (Bild 4.13).

Erforderliches Werkzeug
Schraubenschlüssel
Manchmal auch Hammer

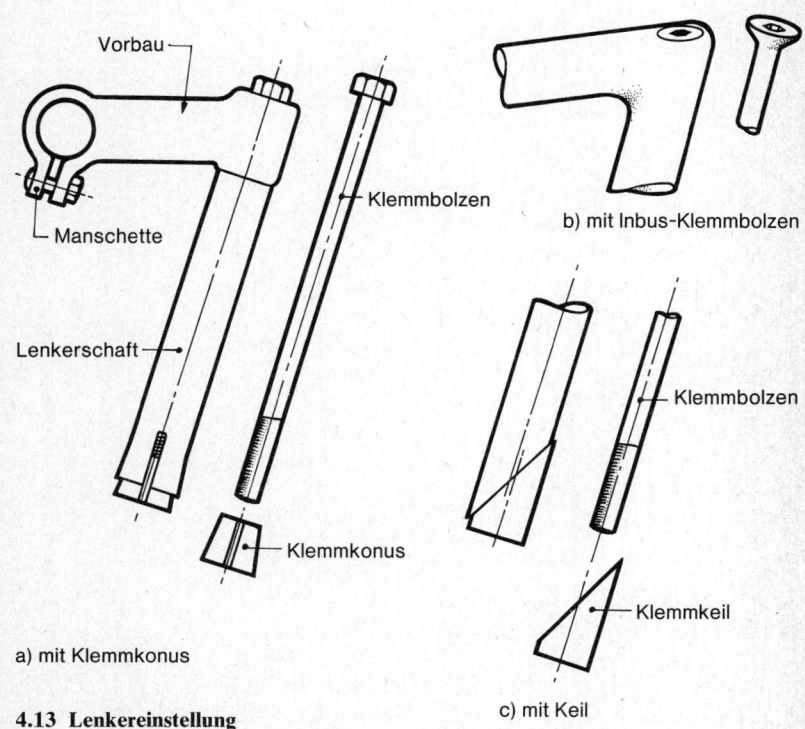

Vorbau

Klemmbolzen

Manschette

b) mit Inbus-Klemmbolzen

Lenkerschaft

Klemmbolzen

Klemmkonus

Klemmkeil

a) mit Klemmkonus

4.13 Lenkereinstellung

c) mit Keil

Vorgang

1. *Höheneinstellung:* Klemmbolzen lockern; falls erforderlich, mit Hammer kurz anschlagen, um Innenklemmung zu lockern; Lenkerschaft ein- oder ausziehen (aber nicht zu weit ausziehen: mindestens 6,5 cm sollen „unsichtbar" bleiben); in der richtigen Position Klemmbolzen wieder festziehen.

2. *Neigung:* Manschettenklemmbolzen lockern, Lenker drehen; Bolzen wieder festziehen.

3. *Längseinstellung:* Diese Einstellung kann nur durch Austausch des Lenkervorbaus geändert werden. Eine Beschreibung befindet sich in Kapitel 7 dieses Buches.

Sattel einstellen

Auch diese Einstellung wird ausführlich beschrieben im Buch *Vom Fahrrad und vom Radfahren*; hier wieder nur die wichtigsten Handgriffe (Bild 4.14).

Erforderliches Werkzeug
Schraubenschlüssel

Vorgang

1. *Höheneinstellung:* Sattelklemmbolzen lockern; Sattelstütze ein- oder ausziehen (aber nicht zu weit ausziehen: 6,5 cm sollen auch hier „unsichtbar" bleiben – wofür,

ebenso wie beim Lenkerschaft, heute manchmal eine Markierung angebracht ist); bei richtiger Position Klemmbolzen festziehen.

2. *Sattelneigung* (bei herkömmlicher Sattelstütze): Klobenbolzen lockern; Neigung ändern; Klobenbolzen wieder festziehen. Spezialsattelstützen aus Leichtmetall haben eine Feineinstellung, die meistens aus zwei Bolzen oben auf dem Einstellmechanismus besteht.

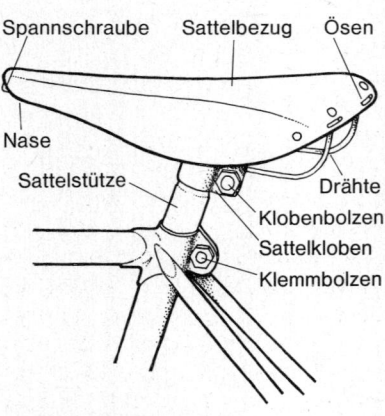

4.14 Satteleinstellung

5 Die Pflege des Fahrrads

Wer sein Fahrrad liebt, der pflegt es! Dem Durchschnittsbürger leuchtet es manchmal noch nicht ein, daß es die Liebe zum Fahrrad genausogut geben kann wie die Liebe zum Auto oder zum Haus. Obwohl ganze Samstage der Wagenpflege geopfert werden, die Pflege der Wohnung geradezu sprichwörtlich ist, wird der anspruchslose Drahtesel manchmal sträflich vernachlässigt. Im dunklen Keller abgestellt oder an der Hauswand angelehnt, muß er lieblos warten, bis er das nächste Mal gebraucht wird.

Wenn er dann einmal wieder gebraucht wird, ist häufig die Luft aus den Reifen entwichen, die Felgen und der Lenker sind angerostet, und mit schleppenden Bremsen und quietschenden Pedalen kommt er dem Fahrer dann weniger liebenswürdig vor als je zuvor. Dabei ist die vom Fahrrad geforderte Liebe gar nicht so anspruchsvoll: Mit einem Stofflappen, ein paar Tropfen Öl und einigen Einstellarbeiten ist es schon glücklich und zufrieden.

In diesem Kapitel werden wir beschreiben, wie diese einfachen Mittel eingesetzt werden, damit wir uns auf unser Gefährt zu jeder Zeit verlassen können.

Die Auswahl der dazu erforderlichen Arbeiten beruht auf der Feststellung, daß Vorbeugen besser ist als Heilen: Wir werden nicht warten, bis etwas schiefgeht, sondern vermeiden, daß es überhaupt dazu kommt! Wie oft diese Arbeiten durchgeführt werden, hängt davon ab, wie häufig das Rad benützt wird. Wer nur selten fährt, macht sie vielleicht am besten nach jeder Fahrt, ich persönlich mache sie einmal in der Woche, weil ich täglich viel fahre.

Die hier beschriebenen Arbeiten sind natürlich nicht die einzigen Wartungsarbeiten, die das Rad je brauchen wird. Ein- oder zweimal im Jahr soll es noch etwas ausführlicher untersucht und gewartet werden. Das überläßt man aber dem Fachmann, oder – noch besser – lernt es selbst richtig zu machen, indem man die anschließenden Kapitel zu Rate zieht.

Es geht auch nicht immer darum, jede hier beschriebene Arbeit durchzuführen, sondern vielmehr darum, festzustellen, *welche* Arbeiten erforderlich sind, und diese dann durchzuführen. Deshalb nimmt die Überprüfung häufig weniger als eine halbe Stunde in Anspruch. Es soll auch gar nicht behauptet werden, daß der Ablauf unbedingt genauso sein muß, wie hier beschrieben wird: Ich mache hier einen Vorschlag, nach dem man sich richten kann; wer ein bewährtes anderes Verfahren hat, soll ruhig dabei bleiben.

Stufe I – Reinigen

Erforderlich
Weiche Bürste
Stofflappen
Wasser
Eimer
Es empfiehlt sich, das Rad umgekehrt aufzustellen oder es an Lenker und Sattel in bequem erreichbarer Höhe aufzuhängen.

Vorgang
■ Falls das Rad trocken ist, wischt man es mit der weichen Bürste ab, damit Staub und nicht ganz festsitzender Schmutz entfernt werden. Dabei sind vor allem auch die nicht so leicht erreichbaren Stellen des Fahrrads zu putzen, wie z.B. zwischen den Gabelscheiden, unter den Bremsen oder hinter den Tretkurbeln.

■ Nach dieser Arbeit, oder falls das Rad schon naß war, wischt man das ganze Rad vollständig mit einem feuchten Lappen ab – auch zwischen den Speichen und in den kleinsten Ecken der verschiedenen Teile. Nur nicht die Kette! Dabei empfiehlt es sich, einen halbvollen Eimer mit warmem Wasser zu nehmen und den Lappen häufig auszuspülen und auszuwringen, bis er nur leicht feucht ist. Fester Schmutz wird mit viel Wasser weggewaschen.

■ Wenn Punkt 2 richtig gemacht wird, ist das Rad nachher trocken; falls dies nicht der Fall ist, sollen vor allem die verchromten Teile anschließend gleich abgetrocknet werden.

■ Kunststoffteile, insbesondere die durchsichtigen, wie z.B. Scheinwerfer und Schlußlicht, brauchen viel Wasser und wenig Reibung, Ledersättel läßt man ganz in Ruhe.

Stufe II – Schützen

Erforderlich
Stofflappen
Vaseline (oder Lackschutzmittel)
Manchmal auch Metallpflegemittel
Das Rad soll weiterhin umgekehrt aufgestellt oder aufgehängt bleiben.

Vorgang
■ Mit trockenem Lappen und etwas Vaseline (oder Autolackpflegemittel für die lackierten Teile) soll das ganze Rad sehr leicht eingeschmiert werden. Auch jetzt wieder keinen Winkel vergessen! Besonders wichtig sind dabei die nicht lackierten Stellen: Speichen, Schrauben, Bolzen, Muttern, Bandagen und unverkleidete Zugseile für Gangschaltung und Bremse.

■ Angerostete Chromteile werden mit Chromschutzmittel behandelt, nachher auch mit Vaseline.

■ Mattgewordene Aluminiumteile werden mit Metallpflegemitteln behandelt.

■ Kunststoff-, Leder- und Gummiteile läßt man aber unberührt.

■ Mit dem Vaselinelappen jetzt die Kette fest abwischen, falls sie nicht – wie beim Hollandrad – unerreichbar (und geschützt) ist.

Stufe III – Schmieren

Das moderne Fahrrad braucht nur wenig abgeschmiert zu werden, weil heute an vielen Stellen auf längere Zeit vorgeschmierte Lager benutzt werden. Andere Teile drehen auf Kunststofflagern. Wir prüfen bei jeder Stelle, ob dort Schmieren erforderlich ist, und arbeiten dann nach dem folgenden Schema. (Das Rad steht dabei immer auf dem Kopf.)

Erforderlich
Nähmaschinenöl oder Fahrradöl in Ölkanne, manchmal auch Kettenöl in Spraydose (erhältlich im Fahrradgeschäft und in der Mofazubehörabteilung eines Kaufhauses)

Vorgang (vgl. Bild 5.1)
■ **Vordere Felgenbremse:**
   Am Drehpunkt der Bremszangen
   An der Einführungs des Bremsseils in den Bremszugmantel
   Am Gewinde der Einstellvorrichtung
■ **Bremsgriffe:**
   Innen, am Drehpunkt des Griffes
   An der Einführung des Bremsseils in den Bremszugmantel
■ **Vordernabe:**
   Nur in dem seltenen Fall, daß dort ein sogenannter Helmöler angebracht ist

5.1 Wartungsstellen

- **Kettenschaltungshebel:**
  Am Drehpunkt
  Am Einführungspunkt des Zug-
  seils
- **Hinterer Kettenschaltungs-
  umwerfer:**
  An den Scharnierpunkten
  An den Rollenlagerbüchsen
  An den Schaltseileinführungs-
  punkten am Umwerfer und am
  Schaltzugmantel
  Am Gewinde der Einstellhülse

**Die Felgenbremse muß richtig befestigt
und eingestellt sein, doch sie
funktioniert erst dann richtig, wenn
die Felge nicht verschmiert oder
verschmutzt ist**

- **Hinternabe:**
  Nur falls ein Helmöler vorhanden
  ist, etwa zehn Tropfen
- **Hintere Felgenbremse:**
  Am Drehpunkt der Bremszangen
  An der Einführung des Bremsseils in den Bremszugmantel
  Am Gewinde der Einstellhülse
- **Lichtstrommaschine:**
  Am Drehpunkt der Betätigungs-
  vorrichtung
- **Kette:**
  Sie wird mit dem extra für sie ge-
  kauften Spezialölspray geschmiert. Zuerst soll aber festgestellt werden, ob sie nicht zu sehr
  verschmutzt ist. Eine verschmutzte Kette muß entfernt
  und in einer Schüssel mit Petroleum ausgewaschen werden. Sie
  soll während des Ölens mittels
  der Tretkurbel ständig gedreht
  werden. Anschließend wird sie
  noch mal mit einem Lappen abgewischt, damit sie später nicht zu
  leicht Schmutz aufnimmt.
  Jetzt darf das Fahrrad wieder in
  Normallage gebracht werden, damit
  die übrigen Arbeiten durchgeführt
  werden können.
- **Klingel:**
  Glocke abschrauben und die
  Drehpunkte des Mechanismus
  ölen
- **Kettenblattumwerfer:**
  An den Drehpunkten
  Am Einführungspunkt des
  Schaltseils
  Am Gewinde der Einstellhülse
- **Tretlager:**
  Nur falls ein Helmöler vorhanden
  ist, etwa zehn Tropfen

Jetzt sollten wir uns das Fahrrad noch einmal von beiden Seiten ansehen und prüfen, ob bei der Reinigung nicht doch noch Teile vergessen wurden. Anschließend werden die Stellen, an denen geölt wurde, mit einem sauberen Lappen abgewischt, damit später die Kleidung nicht verschmiert wird.

Stufe IV – Einstellen

Die im vorigen Kapitel besprochenen Einstellarbeiten sind – falls erforderlich – jetzt auch durchzuführen. Die Frage, ob sie erforderlich sind, kann nur beantwortet werden, wenn das Rad systematisch geprüft wird. Wie die einzelnen Prüfungen und Einstellarbeiten durchgeführt werden, wurde schon beschrieben. Ihre Notwendigkeit wird z.B. nach diesem Schema festgestellt:

- **Vorderbremse**
  Bremsschuh
  Bremszugspannung
  Bremsgummis anliegend?
- **Hinterbremse**
  Bremsschuh
  Bremszugspannung
  Bremsgummis anliegend?
- **Kettenspannung**
- **Kettenschaltung vorne**
  Schaltzugspannung
  Schaltwegbegrenzung
- **Kettenschaltung hinten**
  Schaltzugspannung
  Schaltwegbegrenzung

- **Nabenschaltung**
  Einstellung
  Schaltzug frei?
- **Beleuchtung**
  Scheinwerferfunktion
  Scheinwerfereinstellung
  Dynamoeinstellung
  Schlußlichtfunktion
  Kontaktschrauben angezogen?
  Kabel frei?
- **Lenker**
  Richtig eingestellt?
  Fest angezogen?
- **Sattel**
  Richtig eingestellt?
  Fest angezogen?

Stufe V – Sonstiges

In dieser letzten Stufe unseres Wartungsschemas werden noch diese Arbeiten durchgeführt:
Erstens werden die Reifen überprüft: Sind sie fest aufgepumpt, die Decken noch in Ordnung, die Ventile gerade und dicht? Gegebenenfalls Luft ablassen und Ventile ausrichten, dann fest aufpumpen.
Schließlich sollen alle Schrauben, Bolzen und Muttern am Fahrrad nachgezogen werden. Erforderlich dazu sind ein Rollgabelschlüssel und ein Schraubendreher, vielleicht auch ein Inbusschlüssel.

Teil II

Wartung für Liebhaber

6 Die eigene Werkstatt

Dieses und die fünf folgenden Kapitel sind an erster Stelle für jene Radfahrer gedacht, die vorhaben, mit der Arbeit am eigenen Rad ernst zu machen. Wer dies nicht beabsichtigt – oder *noch* nicht vorhat –, dem sei empfohlen, sich bloß die Themen dieser Kapitel zu merken und sie im Bedarfsfall zu Rate zu ziehen. Wer schon jetzt etwas mehr über die Möglichkeiten, selbst an seinem Fahrrad zu basteln, wissen möchte, wird in diesem Kapitel lernen, wie er sich eine Werkstatt – sei sie noch so bescheiden gestaltet und ausgestattet – einrichten kann und welches Werkzeug dazu gebraucht wird.

Sehr umständlich und teuer braucht dies alles nicht zu sein: Die einzelnen Werkzeuge braucht man erst zu kaufen, wenn sie benötigt werden, die Werkstatt richtet man sich dem Geldbeutel entsprechend ein.

Irgendeinen Platz zum Arbeiten braucht man aber schon; mindestens zwei Meter lang und anderthalb Meter breit ist ausreichend: Kellerraum, Schuppen, Abstellraum; wenn es sein muß in der Wohnung. Wer ein normales Zimmer zu diesem Zweck benützt, braucht nur den Bodenbelag mit einem Stück Pappe oder Kunststoff zu schützen.

Die Beleuchtung in unserer Werkstatt braucht noch nicht mal fest installiert zu sein: Eine tragbare Lampe mit langer Schnur kann so aufgehängt werden, wie sie gerade am günstigsten die Arbeit beleuchtet. Und ansonsten braucht man bloß eine Werkbank, einen Hocker und eine Vorrichtung zum Aufhängen oder Halten des Fahrrads.

Diese Vorrichtung gibt es teuer zu kaufen oder ist nach der Beschreibung in Kapitel 11 selbst zu fertigen. Oder man nimmt zwei Hakenbolzen, etwas dünnes Seil und biegt sich aus einem Stück Stahldraht ein paar Bügel (Bild 6.1) zurecht, damit das Rad an Sattel und Lenker in der richtigen Höhe an der Decke hängen kann. (Meistens braucht man dazu schon einen Schlagbohrer und Dübel.)

Auch die Werkbank kann man selber machen, für die meisten Zwecke reicht aber schon ein stabiler alter

6.1 Aufhängevorrichtung

Tisch. Seine Stabilität wäre gegebenenfalls durch Diagonalverstrebungen der Beine zu erhöhen. Ein Parallelschraubstock soll auf der Werkbank noch angebracht sein – er muß allerdings für Metallarbeit geeignet sein, weil nur dann die Backen gerade bleiben. Dazu gehören Schutzbacken aus Aluminium oder Kupfer, damit die eingespannten Teile nicht beschädigt werden.

Universalwerkzeug

Das Werkzeug

Einiges Werkzeug haben wir schon: das in Kapitel 2 beschriebene Notreparaturwerkzeug, das am Fahrrad mitgeführt wird. Für manche der in den nachstehenden Kapiteln beschriebenen Arbeiten reicht das schon aus; aber früher oder später wird man sich noch anderes Werkzeug zulegen müssen. Am besten kauft man jedes Stück erst, wenn es für eine bestimmte Reparatur gebraucht wird, damit nicht gleich zuviel Geld auszugeben ist für Dinge, die vielleicht lange herumliegen, ehe sie einmal gebraucht werden.

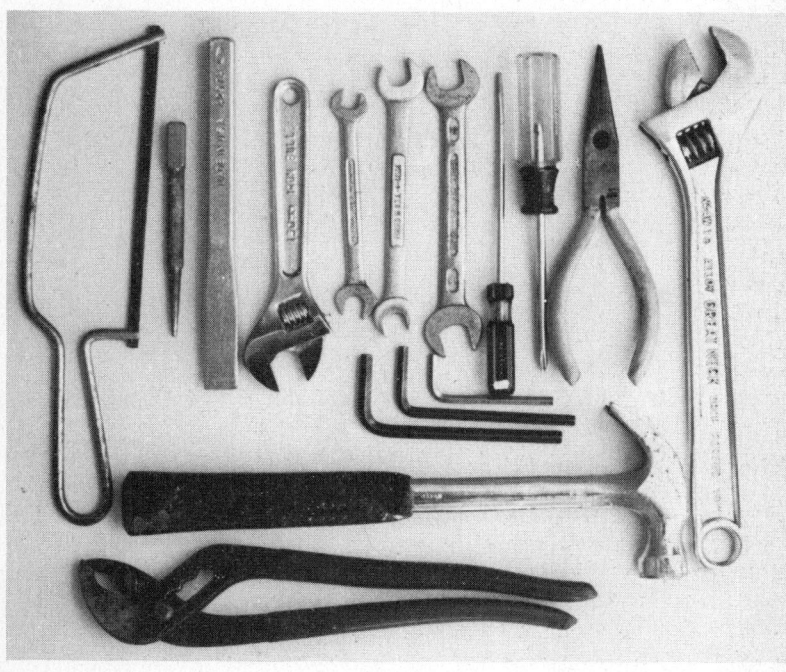

Es gibt dabei zwei unterschiedliche Gruppen von Werkzeug: normales oder *Universalwerkzeug*, welches in jedem Eisenwarengeschäft zu haben ist, und besonderes *Fahrradspezialwerkzeug*, das nur im Fahrradgeschäft (manchmal sogar nur auf Bestellung) besorgt werden kann. Manche dieser Spezialwerkzeuge sind vom einen zum anderen Fabrikat sehr verschieden und passen dabei oft nur zu Fahrradteilen bestimmter Fabrikate – wo dieses zutrifft, werde ich es vermerken.

Universalwerkzeug

Neben den paar Werkzeugen in der Werkzeugtasche brauchen wir folgende Werkzeuge:
■ Schraubenschlüssel verschiedener Art
■ Schraubendreher verschiedener Größen und Ausführungen
■ Hammer
■ Zangen
■ Metallsäge
■ Metallmeißel und Versenker
■ Meßgeräte
Ohne die Teile in sehr vielen Einzelheiten zu beschreiben, werden wir sie hier der Reihe nach kurz mit Hilfe der Abbildungen vorstellen.

■ Schraubenschlüssel
Es gibt Schraubenschlüssel in verschiedenen Versionen: *Gabelschlüssel, Ringschlüssel, Steckschlüsselsatz, Inbusschlüssel* und *verstellbare Schraubenschlüssel*. Wir brauchen

sie nicht alle: Von den drei ersten (Gabel-, Ring- und Steckschlüsselsatz) wählen wir nur die eine Art, die uns am besten gefällt.

a. *Gabelschlüssel*

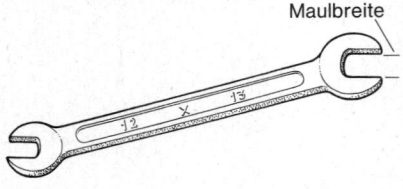

Maulbreite

6.2 Gabelschlüssel

Der *Gabelschlüssel*, wohl der einfachste Schraubenschlüssel, ist flach und hat an jedem Ende eine genau zu dem Schraubenmaß passende Öffnung. Er wird meistens in Sätzen mit mehreren verschiedenen Maulweiten verkauft, die sich jeweils um einen Millimeter unterscheiden. Die für das Fahrrad meistgebrauchten Größen sind 7 bis 16 mm.

b. *Ringschlüssel*

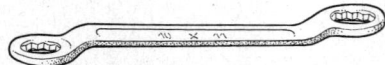

6.3 Ringschlüssel

Der *Ringschlüssel* ist etwas teurer und faßt dafür auch präziser – mit weniger Chancen, den Schraubenkopf oder die Mutter zu beschädigen – als der Gabelschlüssel. Er hat aber den Nachteil, daß er nicht an allen Stellen so leicht eingesetzt werden kann wie der Gabelschlüssel. Sie werden in den selben, oben angeführten Größen benötigt.

c. *Steckschlüsselsatz*

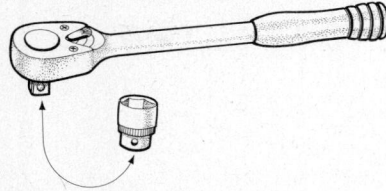

6.4 Einsatzsteckschlüssel

Der *Steckschlüsselsatz* besteht aus der *Umschaltknarre* (Ratsche) und den sechskantigen *Einsätzen* (Nüsse). Diese benötigen wir in den oben erwähnten Größen. Es gibt auch Inbus- und Schraubendreher-Einsätze.

d. *Inbusschlüssel*

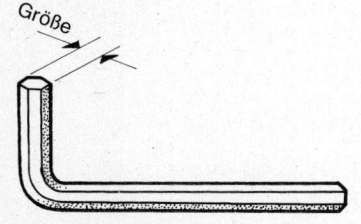

6.5 Inbusschlüssel

Der *Inbusschlüssel* ist ein L-förmiges Sechskantstäbchen, das für die heute mehr und mehr beliebten Inbusschrauben gebraucht wird. Die Inbusschraube hat im Kopf eine sechskantige Einsparung. Der Vorteil dieses Schraubentyps ist, daß der Kopf nicht so

leicht beschädigt wird. Es gibt sie wieder in verschiedenen Größen. Die Größen 5, 6 und 7 mm werden beim Fahrrad am häufigsten gebraucht.

e. *Verstellbarer Schraubenschlüssel*

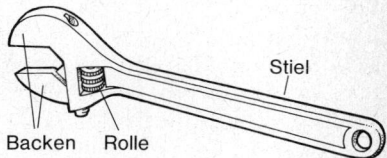

6.6 Verstellbarer Schraubenschlüssel

Neben dem schon in Kapitel 2 erwähnten etwa 15 cm großen Rollgabelschlüssel werden wir manchmal eine größere Version brauchen; die Backen sollen dabei bis etwa 35 mm geöffnet werden können, um den Schlüssel bei Tretlager- und Steuersatzarbeiten einsetzen zu können.

■ **Schraubendreher**
Neben dem kleinen Schraubendreher in der Werkzeugtasche brauchen wir noch einen mit der Klingenbreite

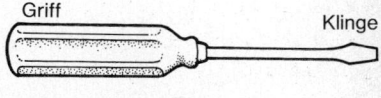

a) Klinge für Schlitzschrauben

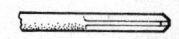

b) Klinge für Kreuzschlitzschrauben

6.7 Schraubendreher

von 6 oder 7 mm und einen mit der Klingenbreite von 8 bis 10 mm. Dazu noch zwei verschieden große *Kreuzschlitzschraubendreher*, falls das Fahrrad solche Schrauben hat. Der Schraubendreher soll nur zum Drehen der Schrauben benutzt werden, obwohl sich die größte Version auch als Brech- oder Biegeeisen zweckentfremden läßt.

■ **Hammer**
Zwei Hämmer werden wir verwenden, einen aus Metall, etwa 300 g schwer, und einen Schonhammer mit Kunststoffeinsatz.

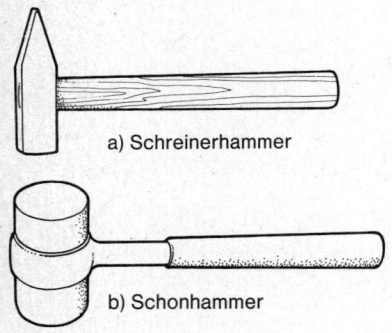

a) Schreinerhammer

b) Schonhammer

6.8 Hammer

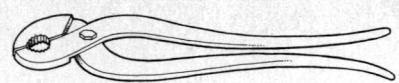

a) Wasserpumpenzange

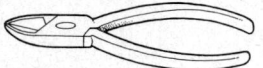

b) Seitenschneider

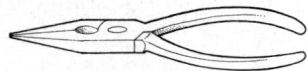

c) Spitzbackenzange

6.9 Zangen

Kombizange, der *Seitenschneider* und die *Spitzbackenzange*. Der Seitenschneider wird zum Abtrennen der Schalt- und Bremszüge eingesetzt – obwohl es dazu ein besseres Spezialwerkzeug gibt; die übrigen Zangen sind für Arbeiten, die man einfach mit den bloßen Fingern oder einem genauer passenden Werkzeug nicht schaffen kann.

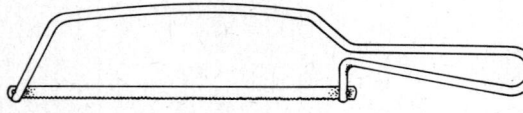

6.10 Metallsäge

■ **Zangen**
Mit der Zange richtet man manchmal mehr Schaden an als Nutzen, daher sollte man sie nur selten verwenden, und wenn, dann die richtige. Die nützlichsten Zangen für unseren Zweck sind die *Wasserpumpenzange* (oder *Wapuza*), die

■ **Metallsäge**
Die Säge soll natürlich auch nur benutzt werden, wenn es nicht anders geht. Die kleine und preisgünstige

PUK-Säge ist für unsere Zwecke – Einschneiden von Schraubenschlitzen, die beschädigt wurden, oder Absägen von festgerosteten Teilen – bestens geeignet.

■ Metallmeißel und Versenker

Der *Metallmeißel* soll für unsere Zwecke nicht scharf sein, weil wir ihn zusammen mit dem Hammer als eine Art Schraubenschlüssel für besondere Fassungen – wie sie z.B. bei den Tretlagern manchmal vorzufinden sind – verwenden wollen. Auch der Versenker (Splintentreiber) wird zu diesem Zweck entfremdet.

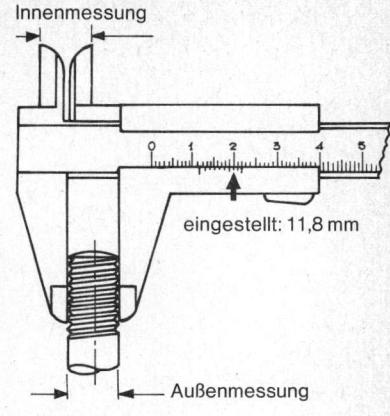

6.12 Schieblehre

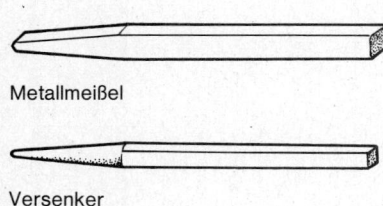

Metallmeißel

Versenker

6.11 Metallmeißel und Versenker

■ Meßgeräte

Eine billige *Schieblehre* und ein *Metallmeßband* werden wir manchmal benötigen. Die erste, um bei den vielen wechselnden Maßen des Fahrrads festzustellen, welches Maß vorliegt oder gebraucht wird; das zweite für die Einstellung der Sattelhöhe und zur Feststellung von groben Maßen, wie jene der Reifen, Felgen und Rahmen.

Spezialwerkzeug

Unter *Spezialwerkzeug* verstehen wir jenes Werkzeug, das extra für die Reparatur und Pflege des Fahrrads hergestellt wird. Es ist immer nur in den Geschäften der Fahrradbranche erhältlich und auch da manchmal nur auf Bestellung lieferbar. Hier würde ich sogar raten, vom Postversand Gebrauch zu machen: Es gibt Versändhäuser, die sich ausschließlich dem Radsport widmen und sehr oft solche Spezialwerkzeuge schneller und preisgünstiger liefern können als das Fahrradgeschäft an der Ecke.
Es lohnt sich für den begeisterten Selbermacher sowieso, die Kataloge einiger solcher Firmen anzufordern (einige Anschriften sind im Anhang

**Spezialwerkzeug, wie das hier
abgebildete, kauft man nur im
Fahrradfachgeschäft**

aufgeführt). Die Kataloge weisen manchmal auf Besonderheiten der einzelnen Werkzeuge hin, zeigen Bilder von Dingen, die ich hier zum Teil aus Platzmangel gar nicht erwähnen kann, und bilden eine Art von Inventarverzeichnis der vielen Sachen, die es in und um den Fahrradbetrieb gibt. Sie sind auch lehrreich, sogar für denjenigen, der niemals vorhat, sich etwas zu bestellen!

Wie aus so einem Katalog ersichtlich ist, gibt es erstaunlich viele verschiedene Spezialwerkzeuge für das Fahrrad. Wir werden hier aber nur die am häufigsten benutzten besprechen. Sogar diese unterscheiden sich noch in zwei Hauptgruppen: solche, die fabrikatgebunden, und andere, die dies nicht sind – die sich also für Teile jeglichen Fabrikats eignen. Zu der letzten Gruppe gehören *Konusschlüssel, Pedalschlüssel, Dritte Hand* oder *Gripzange* (für die Bremseinstellung), *Bowdenzugzange, Hakenschlüssel, Ritzelabzieher* und *Kettennietendrücker* sowie die schon in Kapitel 2 beschriebenen Reifenheber und Speichenschlüssel. Zur Gruppe des fabrikatgebundenen Werkzeugs gehören *Zahnkranzabzieher, Tretkurbelzieher* und *Tretlagerwerkzeug.*

■ **Konusschlüssel**

Der *Konusschlüssel* ist ein sehr dünner, flacher Gabelschlüssel in den zu den Maßen der Nabenlagerkonen passenden Größen. Die gängigsten Maße sind 13, 14, 15 und 16 mm. Zuerst sollte man aber feststellen, welche Maße die Naben des Fahrrads haben, und besorgt sich dann zwei passende Sätze – sie werden nämlich manchmal am besten zu zweit eingesetzt.

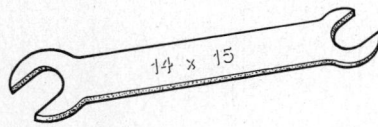

6.13 Konusschlüssel

■ **Pedalschlüssel**

Der *Pedalschlüssel* gleicht dem Gabelschlüssel, er ist aber nicht ganz so dünn und beträchtlich länger; notfalls geht das Ein- und Ausschrauben der Pedale aber auch mit einem Konusschlüssel der Größe 15 mm.

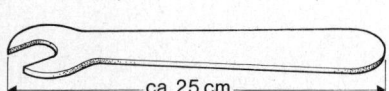

ca. 25 cm

6.14 Pedalschlüssel

■ **Dritte Hand**

Die *Dritte Hand* oder *Gripzange,* wovon es unterschiedliche Ausführungen gibt, macht das, was der zweihändige Mensch nur mit Mühe

schafft: die Felgenbremsen richtig festzuhalten, während sie eingestellt werden. Mit einem menschlichen Helfer oder einem Stück Bindfaden geht es zur Not aber auch.

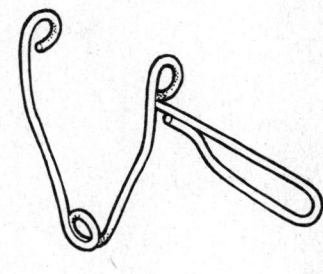

6.15 Dritte Hand

■ **Kettennietendrücker**

Mit dem *Kettennietendrücker* oder der etwas teureren und schnelleren *Kettennietzange* wird die endlose Kette des Fahrrads mit Kettenschaltung auseinandergenommen oder zusammengesetzt. Alle Ketten kürzt man auch mit diesem Werkzeug.

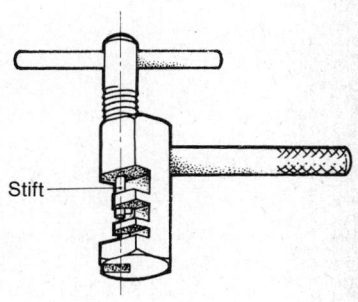

Stift

6.16 Kettennietendrücker

6.17 Bowdenzugzange

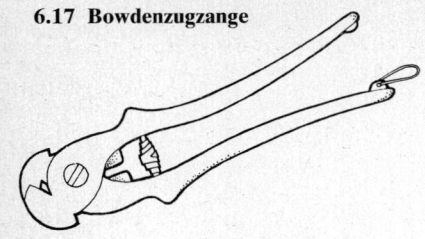

■ Bowdenzugzange

Obwohl es manchmal gelingen wird, mit dem Seitenschneider das Seil des Brems- oder Schaltzugs abzutrennen, kann diese Arbeit nur mit einer extra zu diesem Zweck entworfenen *Bowdenzugzange* sauber gemacht werden. Der Mantel oder die Außenspirale des Zugs dürfte weiterhin ohne Schaden mit dem Seitenschneider auf Maß abgetrennt werden, vorausgesetzt, man macht dies nach der Abbildung 6.18.

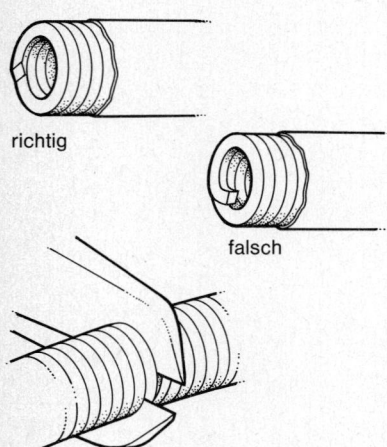

richtig

falsch

6.18 Abtrennen eines Kabels

■ Hakenschlüssel

Wohl das billigste Werkzeug in der Sammlung ist der zum Auswechseln der Kettenblätter erforderliche *Hakenschlüssel*. Mit ihm werden die winzigen Schrauben auf der Innenseite des Kettenblattes eines Tretlagersatzes festgehalten.

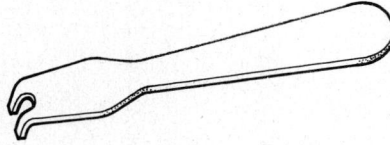

6.19 Hakenschlüssel

■ Ritzelabzieher

Der *Ritzelabzieher* wird gebraucht, wenn die einzelnen Ritzel eines Zahnkranzes ausgewechselt werden sollen. Es gibt zu diesem Zweck auch Einspannwerkzeuge, die die Arbeit erleichtern; mit diesem einfachen Abzieher und dem Schraubstock kommt man aber meistens schon zurecht.

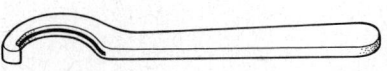

6.20 Ritzelabzieher

■ Zahnkranzabzieher
(fabrikatgebunden)
Der *Zahnkranzabzieher* wird auf den Zahnkranz aufgesteckt und eingeklemmt, damit der Zahnkranz sich mit einem Rollgabelschlüssel von

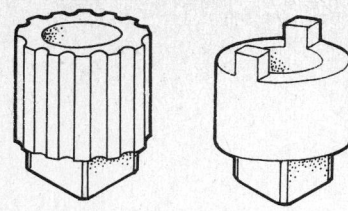

6.21 Zahnkranzabzieher

der Nabe des Kettenschaltungsrads entfernen läßt – eine Arbeit, die schon beim Ersetzen von Speichen des Hinterrads erforderlich ist. Zuerst muß aber festgestellt werden, welchen Fabrikats der Zahnkranz ist, weil sie sehr unterschiedlich sind.

■ **Tretkurbelzieher**
(fabrikatgebunden)
Der *Tretkurbelzieher* wird gebraucht, um die keillosen Tretkurbeln des Renn- oder Rennsportrads von der Vierkantachse des keillosen Tretlagers zu entfernen oder wieder festzuschrauben. Die Werkzeuge für *Campagnolo* und einige der besseren japanischen Versionen sowie die von der spanischen Firma *Zeus* sind gegenseitig auswechselbar, für die sonstigen Fabrikate muß man sich schon das Werkzeug des jeweiligen Fabrikats besorgen.

■ **Tretlagerwerkzeug**
(fabrikatgebunden)
Für die Arbeit an dem Tretlager der BSA-Typen, sogar für die verkeilten billigeren Versionen, wird Spezialwerkzeug gebraucht, wenn die Teile nicht beschädigt werden sollen. Solche Werkzeuge sind vom einen Fabrikat des Lagers zum anderen manchmal verschieden. Für verkeilte Tretlager reicht manchmal ein großer Gabelschlüssel und eine Konterringzange oder der Metallmeißel mit Hammer.

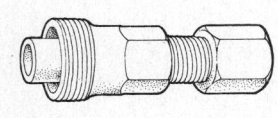

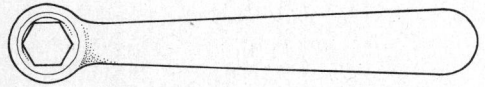

6.22 Tretkurbelzieher

7 Ein- und Ausbau der einzelnen Teile

Zum Reparieren oder Ersetzen bestimmter Einzelteile müssen oft Teile des Fahrrads ganz auseinandergebaut werden – eine mühselige und zeitraubende Sache, wenn man nicht genau weiß, wie es gemacht wird. In diesem Kapitel wird die jeweils beste Ein- und Ausbaumethode beschrieben.

Man kann das alles lernen. Aber da sich manches in Worten nur schwer ausdrücken läßt, sollte man beim Befolgen einer Anleitung mitdenken.

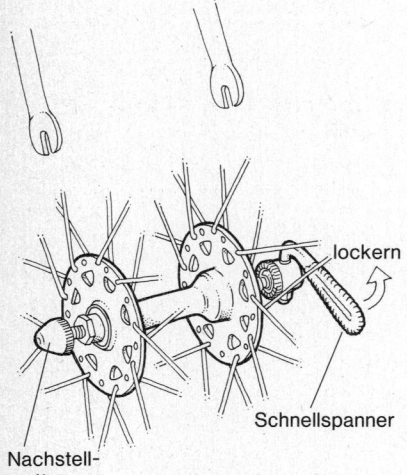

Nachstell-
mutter

lockern

Schnellspanner

7.1 Schnellspann-Nabe

Die Laufräder

■ **Vorderrad mit Schnellspann-Nabe ausbauen** (Bild 7.1)

Erforderliches Werkzeug
Kein Werkzeug erforderlich
Vorgang
1. Schnellspannhebel umlegen.
2. Fahrrad am Lenker hochziehen: Vorderrad löst sich (falls erforderlich: Bremse spreizen, Kontermutter des Schnellspannhebels lockern).

■ **Vorderrad mit Schnellspann-Nabe einbauen** (Bild 7.1)

Erforderliches Werkzeug
Kein Werkzeug erforderlich
Vorgang
1. Überprüfen, ob der Schnellspannhebel „offen" ist.
2. Rad einschieben (falls erforderlich: Bremse spreizen, Kontermutter des Schnellspannhebels lockern); Hebel umlegen.
3. Festen Sitz überprüfen (gegebenenfalls Hebel lockern, Kontermutter anziehen, Hebel wieder umlegen).
4. Bremse überprüfen (gegebenenfalls nachspannen oder einstellen).

■ Vorderrad mit Muttern ausbauen
(Bild 7.2)

Erforderliches Werkzeug
Rollgabelschlüssel oder passender Schraubenschlüssel
Schraubendreher, falls Backenbremse
Vorgang
1. Fahrrad umgekehrt aufstellen.
2. Beide Achsenmuttern abschrauben.
3. Unterlegscheiben entfernen.
4. Falls erforderlich (Backenbremse): Bremsbandage lösen, Kabel oder Gestänge lockern.
5. Falls erforderlich: Schutzblechstreben spreizen, Rad herausziehen (falls erforderlich: Gabel spreizen und Vorderradhalter eindrücken; Bremse spreizen).

■ Vorderrad mit Muttern einbauen
(Bild 7.2)

Erforderliches Werkzeug
Rollgabelschlüssel oder passender Schraubenschlüssel
Schraubendreher, falls Backenbremse
Vorgang
1. Fahrrad umgekehrt aufstellen.
2. Vorderrad einschieben (falls erforderlich: Gabel spreizen, Vorderradhalter richtig einstecken, Bremse spreizen).
3. Falls erforderlich: Schutzblechstreben aufstecken.
4. Unterlegscheiben aufstecken.
5. Falls zutreffend: Bremsbandage anschrauben, Kabel oder Gestänge einstecken.
6. Achsenmuttern aufziehen.
7. Festen Sitz überprüfen.
8. Bremse prüfen (gegebenenfalls nachspannen oder einstellen).

■ Hinterrad mit Schnellspann-Nabe ausbauen (Bild 7.1)

Erforderliches Werkzeug
Stofflappen
Vorgang
1. Fahrrad umgekehrt aufstellen; höchsten Gang einlegen (d.h. Kette auf kleinstem Ritzel).
2. Schnellspannhebel umlegen.
3. Kette und Umwerfer zurückziehen und Rad nach vorn aus dem Ausfallende hinausschieben (falls erforderlich: Bremse spreizen, Kontermutter lockern, Luft ausströmen lassen).

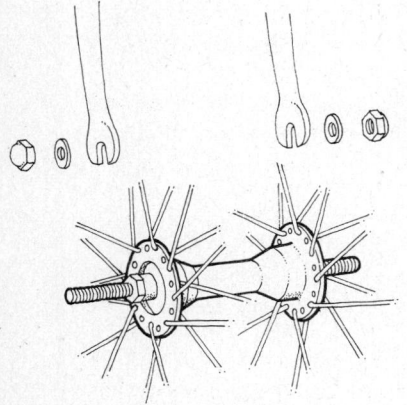

7.2 Vorderrad mit Mutter

■ Hinterrad mit Schnellspann-Nabe einbauen (Bild 7.1)

Erforderliches Werkzeug
Stofflappen
Vorgang
1. Fahrrad umgekehrt aufstellen und höchsten Gang einlegen.
2. Überprüfen, ob der Schnellspannhebel „offen" ist.
3. Kette mit Umwerfer zurückhalten (Bild 7.3) und Rad in das Ausfallende einschieben (falls erforderlich: Bremse spreizen oder Luft ablassen, Kontermutter lockern).
4. Kette richtig umlegen auf Kettenblatt, Umwerfer und Ritzel.
5. Laufrad ausrichten, Schnellspannhebel umlegen.

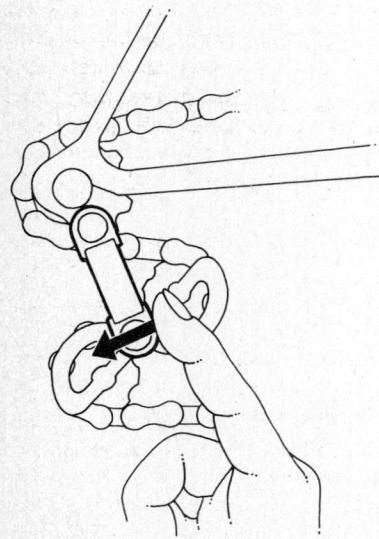

7.3 Umwerfer zurückziehen

6. Festen Sitz überprüfen (falls erforderlich: Hebel umlegen, Kontermutter etwas anziehen, Hebel schließen).
7. Bremse und Gangschaltung prüfen (falls erforderlich: nachspannen oder einstellen).

■ Hinterrad mit Muttern ausbauen (Bild 7.2)

Erforderliches Werkzeug
Rollgabelschlüssel oder passender Schraubenschlüssel
Schraubendreher, falls Rücktritt- oder Backenbremse
Stofflappen
Vorgang
1. Fahrrad umgekehrt aufstellen; bei Kettenschaltung: höchsten Gang einlegen.
2. Achsenmuttern ganz abschrauben.
3. Unterlegscheiben entfernen.
4. Falls erforderlich: Schutzblechstreben und Gepäckträgerstreben spreizen, Kettenkasten (Hollandrad) aufmachen.
5. Falls erforderlich (Rücktritt- oder Backenbremse): Bremsbandage lösen.
6. Falls erforderlich (Dreigang): Schaltzug lockern.
7. Falls erforderlich (Tourenrad oder Hollandrad): Kettenspanner lockern.
8. Kette zurückziehen oder aufmachen und Rad nach vorn (Ausfallende) oder nach hinten (Tourenrad) herausziehen (falls erforderlich: Bremse spreizen).

■ Hinterrad mit Muttern einbauen (Bild 7.2)

Erforderliches Werkzeug
Rollgabelschlüssel oder passender Schraubenschlüssel
Schraubendreher, falls Rücktritt- oder Backenbremse
Stofflappen
Vorgang
1. Fahrrad umgekehrt aufstellen; bei Kettenschaltung: höchsten Gang einlegen.
2. Kette zurückhalten und Rad einstecken (falls erforderlich: Bremse spreizen, Hinterrahmenrohre spreizen).
3. Kette richtig umlegen.

4. Falls erforderlich (Rücktritt): Bremsbandage anschrauben.
5. Rad ausrichten, Kette richtig spannen (Bild 7.4), gegebenenfalls Gepäckträger und Schutzblechstreben aufstecken, Unterlegscheiben aufstecken, Muttern festziehen.
6. Falls erforderlich: Schaltzug anschrauben, Bremszug oder Gestänge aufstecken, Kettenspanner einstellen (Bild 7.5), Kettenkasten zumachen.
7. Festen Sitz überprüfen.
8. Bremse prüfen, Gangschaltung prüfen (falls erforderlich: nachstellen).

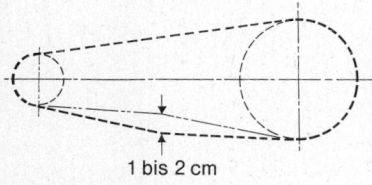

1 bis 2 cm

7.4 Kettenspannung

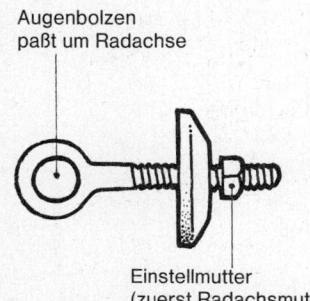

Augenbolzen
paßt um Radachse

Einstellmutter
(zuerst Radachsmutter
lockern!)

7.5 Kettenspanner

Die Reifen

■ Schlauch oder Reifendecke abnehmen oder umlegen

Erforderliches Werkzeug
Reifenheber
Werkzeug, wie es zum Ein- oder Ausbauen des Laufrads (Beschreibung auf den vorangegangenen Seiten) benötigt wird
Vorgang
Vorgang wie beim Flicken des Reifens (Beschreibung auf Seite 25). Dabei folgendes besonders beachten:
a. Reifenmantel und Schlauch mit den gleichen Maßen, zumindest mit dem gleichen Felgenschulterdurchmesser (dreistellige Zahl der

Reifenkennzeichnung xx-xxx) verwenden.
b. Riffelung für den Dynamoantrieb auf der gleichen Seite wie der Dynamo.

7.6 Schlauchreifen abziehen

■ Schlauchreifen abziehen

Erforderliches Werkzeug
Kein Werkzeug erforderlich
Vorgang
1. Laufrad ausbauen.
2. Ventilstaubkappe entfernen.
3. Luft ablassen.
4. Gegenüber dem Ventil beginnend den Reifen mit den Händen seitlich abrollen (Bild 7.6). Kein Werkzeug verwenden! Beim Ventil aufhören.

■ Schlauchreifen umlegen
(Bild 7.6)

Erforderliches Werkzeug
Luftpumpe
Felgenklebeband (oder Schlauchreifenkitt)
Stofflappen, Waschbenzin
Messer
Papierstreifen (etwa 2 × 10 cm)
Entweder Felgenklebeband oder Kitt verwenden: Kitt empfiehlt sich nur für den Rennfahrer (besonders für Bahnrennen oder für die Rundfahrt). Felgenklebeband ist einfacher aufzutragen und erfordert weniger Pflege. Die Beschreibung ist auf die Verwendung von Klebeband abgestimmt.

Vorgang
1. Reifen etwas aufpumpen und um eine nicht verklebte Felge umlegen, damit er sich etwas ausdehnt.
2. Felge von Öl, Fett und Schmutz säubern.
3. Felgenklebeband anbringen, 2 cm vom Ventilloch entfernt anfangen und Ventilloch zweimal überkleben (Anfang und Ende des Bandes überlappen; falls erforderlich: Folie entfernen).
4. Band durch Rubbeln mit dem Schraubenziehergriff fest andrücken.
5. Ventilloch einschneiden.
6. Reifen nur wenig aufpumpen.
7. Wasser auf das Klebeband auftragen, damit der Reifen nicht zu schnell haftet und noch ausgerichtet werden kann.
8. Papierstreifen gegenüber dem Ventilloch auflegen (dadurch

wird später das Abziehen des Reifens erleichtert).

9. Beim Ventil beginnend Reifen umlegen.
10. Reifen aufpumpen und ausrichten.

Die Lenkung

■ Lenker komplett ausbauen
(Bild 7.7)

Erforderliches Werkzeug
Rollgabelschlüssel oder passender Schraubenschlüssel
Hammer mit Schonkopf
Vorgang
1. Klemmbolzen lockern (etwa vier bis fünf Umdrehungen).
2. Fahrrad beim Lenker etwas hochheben.
3. Mit Schonkopf des Hammers auf

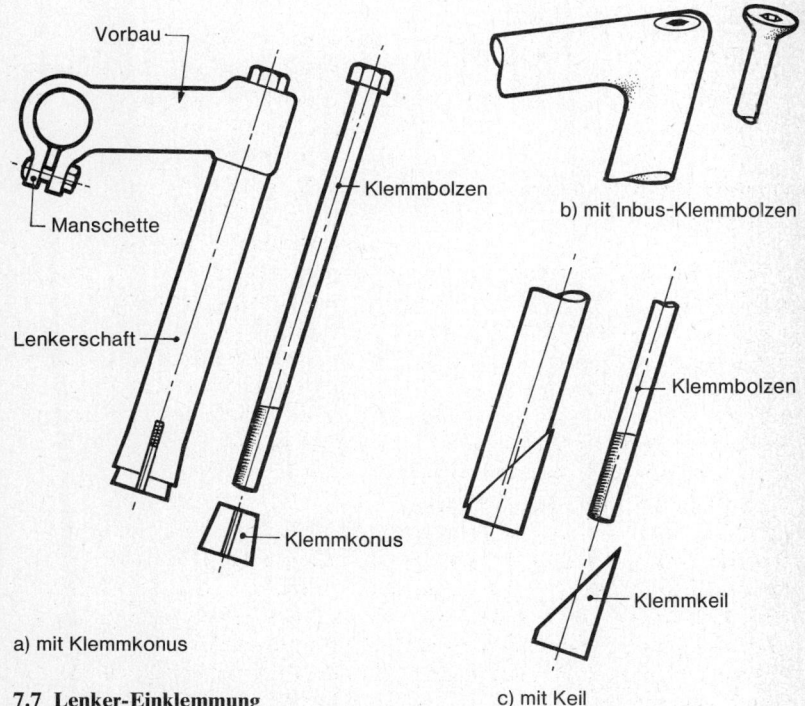

Vorbau

Klemmbolzen

Manschette

b) mit Inbus-Klemmbolzen

Lenkerschaft

Klemmbolzen

Klemmkonus

a) mit Klemmkonus

Klemmkeil

7.7 Lenker-Einklemmung

c) mit Keil

den Klemmbolzen hauen, während das Rad am Lenker gestützt, wird.

4. Falls sich der Lenker so nicht lockern läßt: Klemmbolzen ganz ausdrehen und nach Bild 7.8 den verklemmten Klemmkonus lockern.

5. Falls erforderlich: weitere Teile (Schalthebel, Bremsgriffe, usw.) abmontieren.

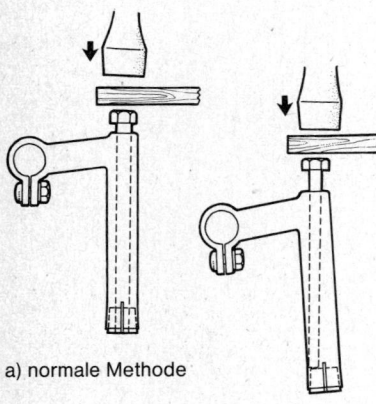

a) normale Methode

b) verklemmter Konus

7.8 Klemmkonus lockern

■ **Lenker komplett einbauen**
Bei Austausch eines Lenkers ist zu beachten, daß es verschiedene Lenkerschaftdurchmesser gibt, die zum jeweiligen Gabelrohrdurchmesser passen.

Erforderliches Werkzeug
Rollgabelschlüssel oder passender Schraubenschlüssel

Vorgang
1. Klemmbolzen so lockern, daß der Klemmkonus locker ist, aber immer noch im Schlitz des Lenkerschafts steckt.
2. Lenkerschaft einstecken.
3. Klemmbolzen etwas anziehen, damit die Lenkerhöhe gerade noch durch Verschieben geändert werden kann, der Lenker aber nicht hinunterfällt.
4. Richtige Lenkerhöhe einstellen und Klemmbolzen festziehen.
5. Falls erforderlich: Neigung und Position der Bremsgriffe einstellen (Beschreibung auf Seite 84).

■ **Lenkerbügel ausbauen**
(Bild 7.9)

Erforderliches Werkzeug
Rollgabelschlüssel oder passender Schraubenschlüssel
Großer Schraubendreher oder Metallmeißel

Vorgang
1. Manschettenklemmbolzen lockern und entfernen.
2. Mit dem größten Schraubendreher oder mit dem Meißel Manschette aufspreizen und Lenkerbügel vorsichtig herausschieben

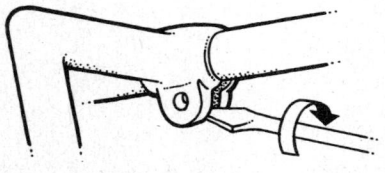

7.9 Manschette öffnen

(dazu gegebenenfalls auf einer Seite Griff, Lenkerband usw. entfernen).

■ **Lenkerbügel einbauen**
(Bild 7.9)
Beim Austausch eines Lenkerbügels ist zu beachten, daß Lenkerbügel verschiedene, zum jeweiligen Vorbau passende Durchmesser haben.

Erforderliches Werkzeug
Rollgabelschlüssel oder passender Schraubenschlüssel
Großer Schraubendreher oder Metallmeißel
Vorgang
1. Falls erforderlich: Manschettenklemmbolzen entfernen.
2. Lenkerbügel bis zum verstärkten Teil in der Mitte einschieben.
3. Manschette mit Schraubendreher oder Metallmeißel aufspreizen und Lenkerbügel vorsichtig bis zur Mitte einschieben.
4. Manschettenklemmbolzen festziehen.
5. Prüfen, ob der Lenker richtig festsitzt. Falls er nicht festgezogen werden kann, ist er zu dünn: es muß dann ein neuer Bügel oder ein entsprechender neuer Vorbau besorgt werden.

■ **Vordergabel/Steuersatz ausbauen** (Bild 7.10)

Erforderliches Werkzeug
Großer Rollgabelschlüssel oder passender Schraubenschlüssel

Manchmal: Wasserpumpenzange und/oder Schraubendreher
Stofflappen
Vorgang
1. Lenker ausbauen (wie oben beschrieben).
2. Kopfmutter des oberen Steuersatzlagers abschrauben.
3. Zwischenring abheben.
4. Schraubschale abschrauben, während das Fahrrad durch das Vorderrad gestützt wird – nicht hochheben!
5. Die Kügelchen des oberen Steuersatzlagers mit dem Stofflappen herausnehmen, sorgfältig aufbewahren.
6. Stofflappen um das untere Steuersatzlager bei der Vordergabel hal-

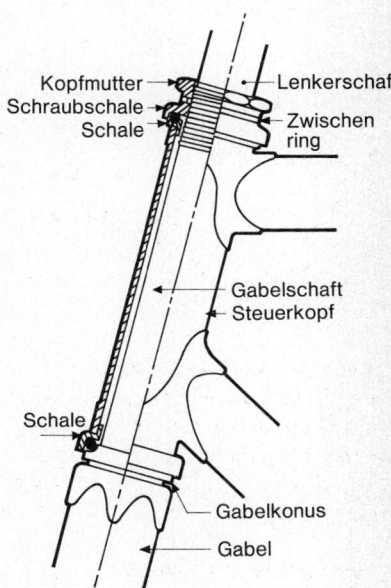

Kopfmutter
Schraubschale
Schale
Lenkerschaft
Zwischenring
Gabelschaft
Steuerkopf
Schale
Gabelkonus
Gabel

7.10 Steuersatz mit Lenker und Gabel

ten, um die Kügelchen des unteren Lagers aufzufangen, und den Rahmen vorn hochheben, bis die Gabel herausgenommen wird.

7. Vorderrad, Bremse, Schutzblech usw. entfernen.

8. Falls erforderlich: Gabelkonus des unteren Steuersatzlagers durch Heben mit der Klinge des Schraubendrehers vom Gabelkopf entfernen (Bild 7.11).

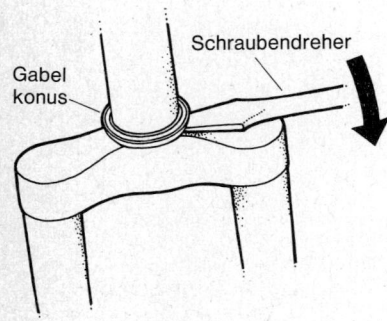

7.11 Gabelkonus abheben

■ Vordergabel/Steuersatz einbauen
(Bild 7.10)
Beim Austausch einer Gabel oder eines Steuersatzes ist zu beachten, daß es verschiedene Gewinde gibt, die nicht zueinander passen (siehe Tabelle 3 auf Seite 125).

Erforderliches Werkzeug
Großer Rollgabelschlüssel
Manchmal: Wasserpumpenzange
Stück Kupfer- oder Aluminiumrohr
∅ 30 mm
Stofflappen
Kugellagerfett

Vorgang
1. Falls erforderlich: Gabelkonus auf den Gabelkopf drücken (Bild 7.12).

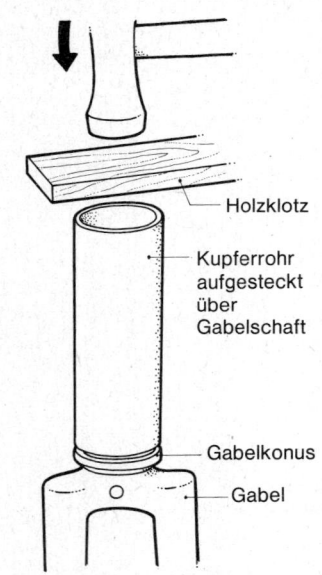

7.12 Gabelkonus aufdrücken

2. Untere und obere Lagerschale des Steuersatzes im Rahmen mit Kugellagerfett füllen.

3. Fahrrad auf den Kopf stellen.

4. Kügelchen mit der richtigen Größe (normalerweise $^5/_{32}''$, etwa 4 mm) in die jetzt oben liegende untere Steuersatzlagerschale einlegen (manchmal sind die Kügelchen in einem Kugelring enthalten; falls nicht: So viele Kügelchen wie nur möglich einpassen und dann das letzte Kügelchen entfernen, damit sie nicht zu eng liegen).

70

5. Gabel einstecken und festhalten, dann Fahrrad gerade aufstellen und auf Gabelenden stützen.
6. Kügelchen in die obere Rahmenschale geben.
7. Schraubschale auf das Gabelrohr aufschrauben.
8. Zwischenring aufstecken.
9. Kopfmutter aufschrauben und festziehen.
10. Drehbarkeit überprüfen; falls zu locker oder zu fest: Kopfmutter lockern, Zwischenring heben, Schraubschale entsprechend drehen, Kopfmutter wieder festziehen. Falls Kopfmutter nicht festgedreht werden kann: Gabelschaft kürzen.

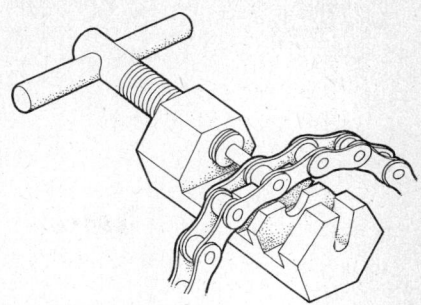

7.13 Anwendung des Kettennietendrückers

4. Nietendrücker wieder lockern und entfernen.
5. Kettenenden mit den Händen (und dem Stofflappen) durch seitliches Verbiegen trennen.
6. Kette abziehen.

Der Antrieb

■ Kette entfernen (Rad mit Kettenschaltung)

Diese Beschreibung gilt in etwa auch für ein Bahnrennrad (ohne Schaltung).

Erforderliches Werkzeug
Kettennietendrücker
Stofflappen
Vorgang
1. Rad umgekehrt aufstellen oder aufhängen.
2. Nietendrücker nach Bild 7.13 aufstecken.
3. Genau 6 Umdrehungen festziehen (bei einer Kette der Breite $^{3}/_{32}''$).

■ Kette auflegen (Rad mit Kettenschaltung)

Es soll eine Kette der Größe $^{1}/_{2}'' \times {}^{3}/_{32}''$ ohne Kettenschloß eingesetzt werden.

Erforderliches Werkzeug
Kettennietendrücker
Stofflappen
Vorgang
1. Rad umgekehrt aufstellen oder aufhängen.
2. Kette durch den Umwerfer der vorderen und hinteren Schaltvorrichtungen auf Kettenblatt und Zahnritzel legen (Bild 7.14).
3. Falls die Länge der Kette noch nicht feststeht (also bei einer neuen Kette), Kette auf größeres Kettenblatt und größtes Ritzel legen; sie soll jetzt von der Feder

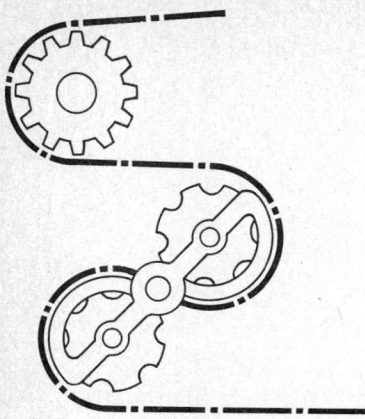

7.14 Verlauf der Kette

des hinteren Umwerfers gerade etwas gespannt werden. Falls erforderlich: Gliederpaare mit dem Nietendrücker abtrennen.

4. Kettenenden mit dem Nietendrücker zusammenfügen, bis die Verbindungsniete auf beiden Seiten genausoweit herausragt wie die übrigen Nieten. Falls erforderlich: Kettenglied durch seitliches Verbiegen lockern.

5. Gangschaltung ausprobieren; falls erforderlich: nachstellen.

▨ Kette abnehmen (Fahrrad ohne Kettenschaltung) (Bild 7.15)
(Beschreibung für ein Bahnrennrad: wie *Rad mit Kettenschaltung*)

Erforderliches Werkzeug
Kleiner Schraubendreher oder Spitzzange
Stofflappen

Vorgang
1. Rad umgekehrt aufstellen.
2. Falls erforderlich (Hollandrad): Kettenkasten aufmachen.
3. Kettenschloß der Kette suchen.
4. Federlasche des Kettenschlosses mit Schraubendreher oder Zange abdrücken, sorgfältig verwahren.
5. Aufstecklasche lösen.
6. Kettenglied nach innen drücken.
7. Kette abnehmen.

▨ Kette auflegen (Rad ohne Kettenschaltung)
Es soll eine Kette der Größe $\frac{1}{2}'' \times \frac{1}{8}''$ mit Kettenschloß benutzt werden (Beschreibung für ein Bahnrennrad (ohne Kettenschloß) wie *Rad mit Kettenschaltung*).

Erforderliches Werkzeug
Rollgabelschlüssel
Kleiner Schraubendreher
Stofflappen

Vorgang
1. Rad umgekehrt aufstellen oder aufhängen; falls erforderlich: Kettenkasten aufmachen.
2. Kette richtig auf Kettenblatt und Ritzel legen (falls erforderlich: Hinterradachsenmuttern lockern, wenn vorhanden, Kettenspanner lockern, damit Rad nach vorne geschoben werden kann).
3. Kettenschloß nach Bild 7.15 einstecken, damit sich das Kettenschloß nicht beim Fahren lockert.
4. Kettenspannung nachprüfen und, falls erforderlich, nachstellen (Beschreibung auf Seite 49).

72

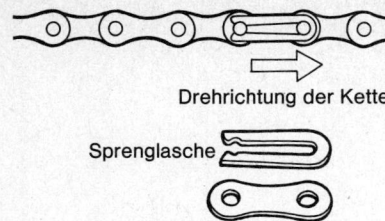

Drehrichtung der Kette

Sprenglasche

7.15 Kettenschloß

5. Falls erforderlich: Rad mit Achsenmuttern und Kettenspanner einstellen.
6. Falls erforderlich: Kettenkasten zumachen (Hollandrad).

■ **Pedale ausbauen**

Erforderliches Werkzeug
Pedalschlüssel oder 15-mm-Konusschlüssel
Vorgang
1. Markieren, welches Pedal das linke, welches das rechte ist.
2. Linkes Pedal: während die rechte Tretkurbel mit der Hand gehalten wird, nach rechts abschrauben (Linksgewinde!).
3. Rechtes Pedal: nach links abschrauben (Rechtsgewinde!).

■ **Pedale einbauen**
Es ist zu beachten, daß es Pedale mit unterschiedlichen Gewinden gibt: Sie sind gegenseitig nicht austauschbar (vgl. Tabelle 3 auf Seite 125)

Erforderliches Werkzeug
Pedalschlüssel oder 15-mm-Konusschlüssel
Vaseline
Stofflappen
Vorgang
1. Gewinde säubern und Vaseline auftragen.
2. Feststellen, welches Pedal das linke, welches das rechte ist (Bild 7.16).

Rechtsgewinde
Rechts hoch

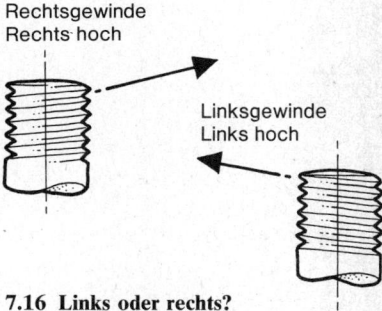

Linksgewinde
Links hoch

7.16 Links oder rechts?

3. Linkes Pedal nach links aufschrauben, während die Tretkurbel gehalten wird.
4. Rechtes Pedal nach rechts aufschrauben.

■ **Tretkurbel ausbauen (verkeilt)**
(Bild 7.17)

Erforderliches Werkzeug
Rollgabelschlüssel oder passender Schraubenschlüssel
Hammer
Kleines Holzklötzchen
Großer Hammer, Schraubstock oder Ziegel zum Abstützen

Vorgang

1. Keilmutter abschrauben und samt Scheibe entfernen.
2. Tretkurbel abstützen, Gewinde des Keils soll nach oben zeigen und der Keil soll unten frei liegen.
3. Gewindeende des Keils mit dem Holzklötzchen schützen und den Keil durch Hammerschläge austreiben.
4. Keil herausnehmen und Tretkurbel abnehmen.

■ **Tretkurbel einbauen (verkeilt)**
  (Bild 7.17)

Es ist zu beachten, daß es verschiedene Keildurchmesser gibt, die gegenseitig nicht austauschbar sind.

Erforderliches Werkzeug

Rollgabelschlüssel oder passender Schraubenschlüssel

Vorgang

1. Tretkurbel aufstecken – beachten, daß die Tretkurbel mit Kettenblatt auf die *rechte* Seite kommt.
2. Feststellen, welche Seite des Keillochs den größeren Durchmesser hat, Keil von dort einstecken.
3. Scheibe aufstecken und Mutter aufschrauben – fest anziehen.

■ **Tretkurbel ausbauen (keillos)**
  (Bild 7.18)

Erforderliches Werkzeug

Kurbelabzieher des betreffenden

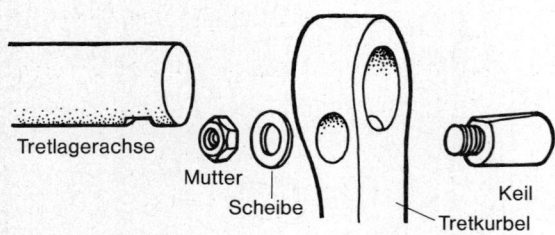

Tretlagerachse · Mutter · Scheibe · Keil · Tretkurbel

7.17 Verkeilte Tretkurbel

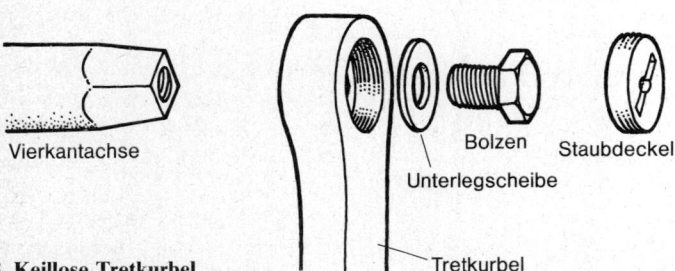

Vierkantachse · Bolzen · Staubdeckel · Unterlegscheibe · Tretkurbel

7.18 Keillose Tretkurbel

Fabrikats und Modells; manchmal auch Rollgabelschlüssel oder passender Schraubenschlüssel; manchmal auch großer Schraubendreher oder Inbusschlüssel

Vorgang

1. Abschlußdeckel abschrauben.
2. Kurbelschraube oder Mutter abschrauben.
3. Scheibe entfernen.
4. Abzieher mit zurückgeschraubtem Innenteil in das Gewinde der Tretkurbel einschrauben.
5. Innenteil des Abziehers einschrauben: Dadurch wird die Tretkurbel von der Vierkantachse abgedrückt.
6. Werkzeug entfernen.

■ Tretkurbel einbauen (keillos)
(Bild 7.18)

Es ist zu beachten, daß, obwohl Tretkurbeln verschiedener Fabrikate manchmal austauschbar sind (weil die Vierkantlöcher ähnlich gestaltet sind), die Kurbelschrauben oder Muttern doch unterschiedlich sind. Auch die Abschlußdeckel sind oft unterschiedlich.

Erforderliches Werkzeug

Kurbelabzieher des jeweiligen Fabrikats und Modells
Manchmal auch Rollgabelschlüssel oder passender Schraubenschlüssel
Manchmal auch großer Schraubendreher oder Inbusschlüssel
Vaseline

Vorgang

1. Feststellen, welche Kurbel rechts, welche links hingehört (die Kurbel mit Kettenblatt oder Kettenblattbefestigung gehört nach rechts).
2. Vaseline dünn auf die Vierkantachse auftragen.
3. Kurbel aufstecken (bei zweiter Kurbel aufpassen, daß sie zur ersten genau um 180° versetzt ist).
4. Scheibe auflegen.
5. Kurbelschraube oder Mutter aufschrauben – fest anziehen.
6. Abschlußdeckel aufschrauben.

■ Tretlagerachse ausbauen (BSA oder verschraubter Lagertyp)
(Bild 7.19)

Die Tretkurbeln sollen zuerst entfernt werden (siehe Seite 73/74).

Erforderliches Werkzeug

Konterringzange, Wasserpumpenzange oder Metallmeißel und Hammer
Stiftzange, Stiftschlüssel oder Versenker und Hammer
Rollgabelschlüssel oder passender Gabelschlüssel
Stofflappen

Vorgang

1. Rad umgekehrt aufstellen oder aufhängen.
2. Auf der linken „einstellbaren" Seite (gegenüber dem Kettenblatt) Konterring nach links abschrauben.
3. Linke Schale nach links abschrauben und mit dem Stofflappen die Kügelchen auffangen.
4. Achse herausnehmen und die Kügelchen der rechten Seite herausnehmen sowie (falls vorhanden) die Schmutzschutzhülse.

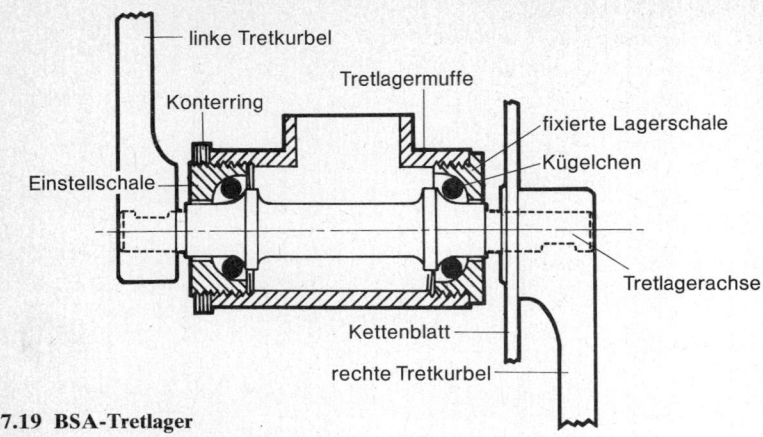

linke Tretkurbel

Konterring

Tretlagermuffe

fixierte Lagerschale

Kügelchen

Einstellschale

Tretlagerachse

Kettenblatt

rechte Tretkurbel

7.19 BSA-Tretlager

5. Falls erwünscht: rechte („feste")
Lagerschale herausschrauben;
falls englisches oder Schweizer
Gewinde: nach rechts, falls fran-
zösisches oder italienisches: nach
links drehen.

■ **Tretlager einbauen (BSA oder
verschraubter Lagertyp)**
(Bild 7.19)
Es ist zu beachten, daß es mehrere
unterschiedliche Gewindemaße gibt,
die nicht gegenseitig austauschbar
sind (vgl. Tabelle 3 auf Seite 125).

Erforderliches Werkzeug
Stiftzange oder Stiftschlüssel oder
Versenker und Hammer
Konterringzange, Wasserpumpen-
zange oder Metallmeißel und Ham-
mer
Rollgabelschlüssel oder passender
Gabelschlüssel
Kugellagerfett
Stofflappen

Vorgang
1. Rad umgekehrt aufstellen oder
aufhängen.
2. Gewinde der Tretlagermuffe
reinigen.
3. Lagerschalen mit Kugellagerfett
füllen.
4. Falls erforderlich: rechte Lagerschale bis zum Anschlag einschrauben. Falls englisches oder
Schweizer Gewinde: nach links,
falls italienisches oder französi-
sches Gewinde: nach rechts drehen.
5. In beide Schalen Kügelchen einlegen; falls sie nicht in einem Kugelring enthalten sind: eins weniger als die maximal mögliche
Anzahl.
6. Falls vorhanden, Schmutzschutzhülse einstecken.
7. Tretkurbelachse einstecken:
Aufpassen, daß das längere
Ende beim richtig stehenden
Fahrrad rechts liegen muß, also

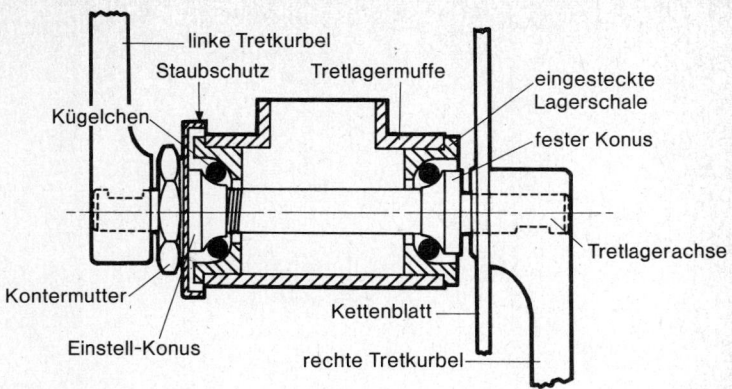

linke Tretkurbel
Staubschutz   Tretlagermuffe
Kügelchen   eingesteckte Lagerschale
fester Konus
Tretlagerachse
Kontermutter
Kettenblatt
Einstell-Konus
rechte Tretkurbel

7.20 Thompson-Tretlager

dieses längere Ende zuerst einstecken.

8. Linke („verstellbare") Lagerschale nach rechts einschrauben, bis die Achse gerade noch frei gedreht werden kann.

9. Konterring nach rechts aufschrauben.

10. Lagerlauf prüfen; falls erforderlich: nachstellen, indem man den Konterring lockert, die verstellbare Lagerschale lockert oder festzieht und den Konterring wieder fest anzieht.

■ **Tretlager ausbauen (Thompson oder eingesteckter Lagertyp)**
(Bild 7.18)

Die linke Tretkurbel muß erst entfernt sein (siehe Seite 73/74).

Erforderliches Werkzeug
Großer Rollgabelschlüssel oder passender Schraubenschlüssel
Stofflappen

Vorgang

1. Rad umgekehrt aufstellen oder aufhängen.

2. Linke Kontermutter nach rechts abschrauben (Linksgewinde).

3. Sicherungsscheibe entfernen.

4. Nachstellkonus mittels Staubdeckel nach *rechts* abschrauben, während die rechte Tretkurbel mit der Hand gehalten wird.

5. Kügelchen auffangen, Achse mit rechter Tretkurbel herausnehmen, Kügelchen auffangen.

■ **Tretlager einbauen (Thompson oder eingesteckter Lagertyp)**
(Bild 7.20)

Erforderliches Werkzeug
Großer Rollgabelschlüssel oder passender Schraubenschlüssel
Kugellagerfett
Vorgang

1. Rad umgekehrt aufstellen oder aufhängen.

2. Beide Lagerschalen mit Lagerfett füllen.
3. Kügelchen einlegen.
4. Tretlagerachse von der Kettenseite aus einstecken – der feste Konus liegt rechts (kettenseitig).
5. Auf der anderen Seite verschraubbaren Konus nach links aufschrauben, bis die Achse gerade noch frei drehen kann.
6. Staubdeckel und Sicherungsscheibe aufstecken.
7. Kontermutter nach links aufschrauben.
8. Lagerlauf prüfen; falls erforderlich: nachstellen, indem man die Kontermutter nach *rechts* lockert, mit der Staubkappe den Konus einstellt und die Kontermutter festzieht.
9. Linke Tretkurbel anbringen.

■ Kettenblatt oder -blätter auswechseln

Dieser Vorgang ist je nach Fabrikat und Modell unterschiedlich, so daß er nicht im Detail beschrieben werden kann. Manchmal muß zuerst das rechte Pedal abgeschraubt werden, manchmal die rechte Tretkurbel. Manche können nur zu zweit, manche auch einzeln ausgewechselt werden. Und einige billige Ausführungen sind gar nicht auswechselbar. Bei den auswechselbaren Ausführungen werden die kleinen Schrauben mit den Hülsenmuttern entfernt. Dazu wird der kleine Hakenschlüssel benutzt, zusammen mit einem Schraubenschlüssel oder Inbusschlüssel.

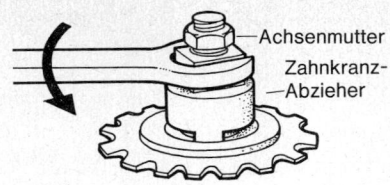

Achsenmutter

Zahnkranz-Abzieher

7.21 Zahnkranz abziehen

■ Zahnkranz ausbauen (Kettenschaltungsrad)

(Bild 7.21)
Die Beschreibung geht davon aus, daß das Hinterrad schon ausgebaut ist; auch der Schnellspannhebel oder die Achsenmutter sollten entfernt sein.

Erforderliches Werkzeug

Großer Rollgabelschlüssel
Kranzabnehmer des zum Zahnkranz passenden Fabrikats

Vorgang

1. Kranzabnehmer in die Aussparungen des Zahnkranzes einstecken und mittels Schnellspannhebel oder Achsenmutter gegen Abrutschen schützen – etwa einen Millimeter Spielraum lassen.
2. Rad festhalten und Kranzabnehmer nach links abschrauben; nach jeder Umdrehung Konterring des Schnellspannhebels oder Achsenmutter etwas lockern.

■ Zahnkranz einbauen (Kettenschaltungsrad)

Es ist zu beachten, daß es Naben mit unterschiedlichen Gewindetypen mit jeweils passenden Zahnkränzen gibt, die nicht gegenseitig austauschbar sind (vgl. Tabelle 3 auf Seite 125). Schnellspannhebel oder Achsenmutter sollten entfernt sein.

Erforderliches Werkzeug
Stofflappen
Vaseline
Vorgang
1. Gewinde der Nabe und des Zahnkranzes peinlichst säubern und Vaseline dünn auftragen.

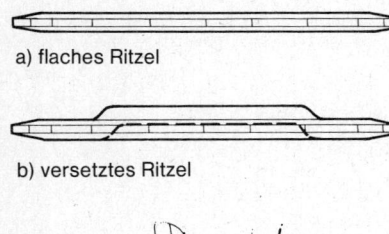

a) flaches Ritzel

b) versetztes Ritzel

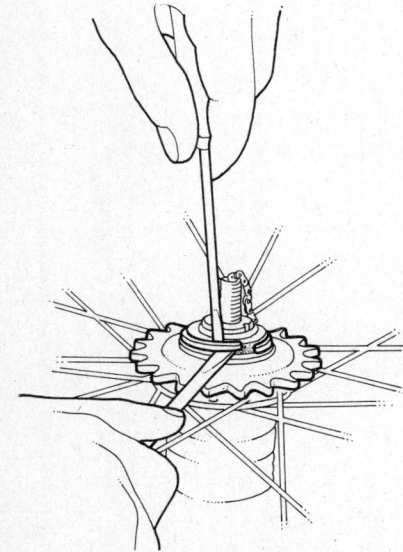

7.22 Zahnritzel ausbauen

2. Zahnkranz genau ausrichten und vorsichtig von Hand aufschrauben; beim Fahren zieht sich der Zahnkranz „von selbst" fest.

■ Zahnritzel ausbauen (Rad ohne Kettenschaltung)
Die Beschreibung geht davon aus, daß das Hinterrad bereits ausgebaut ist.

Erforderliches Werkzeug
Schmaler Schraubendreher
Stofflappen
Vorgang (Bild 7.22)
1. Sprengring mit dem Stofflappen halten und am einen Ende mit dem Schraubendreher aus seiner Rille herausdrücken.
2. Zahnritzel abheben.
3. Falls vorhanden: Unterlegscheiben abheben.

■ Zahnritzel einbauen (Rad ohne Kettenschaltung)

Erforderliches Werkzeug
Kleiner Schraubendreher
Stofflappen
Vorgang (Bild 7.22)
1. Zahnritzel (und, falls erforderlich, Unterlegscheiben) aufstecken.
2. Sprengring auflegen und mit dem Schraubendreher in seine Rille einlegen.
   Es ist zu beachten, daß bei kleineren Ritzeln die Kette nicht an der Nabe reiben darf: deshalb muß manchmal ein versetztes Ritzel eingesetzt werden (Bild 7.22).

Die Gangschaltung

■ **Hinteren Umwerfer ausbauen**
(Bild 7.23)

Erforderliches Werkzeug
Schraubendreher
Inbusschlüssel
Schraubenschlüssel
Kettennietendrücker
Stofflappen

Vorgang
1. Rad umgekehrt aufstellen oder aufhängen.
2. Kette entfernen.
3. Falls erforderlich (Umwerfer unter Hinterradachsenmutter eingesteckt): Hinterrad ausbauen.
4. Befestigungsschraube entfernen oder (falls eingesteckt) nur lockern und Umwerfer entfernen.
5. Falls erforderlich: Schaltzug entfernen.

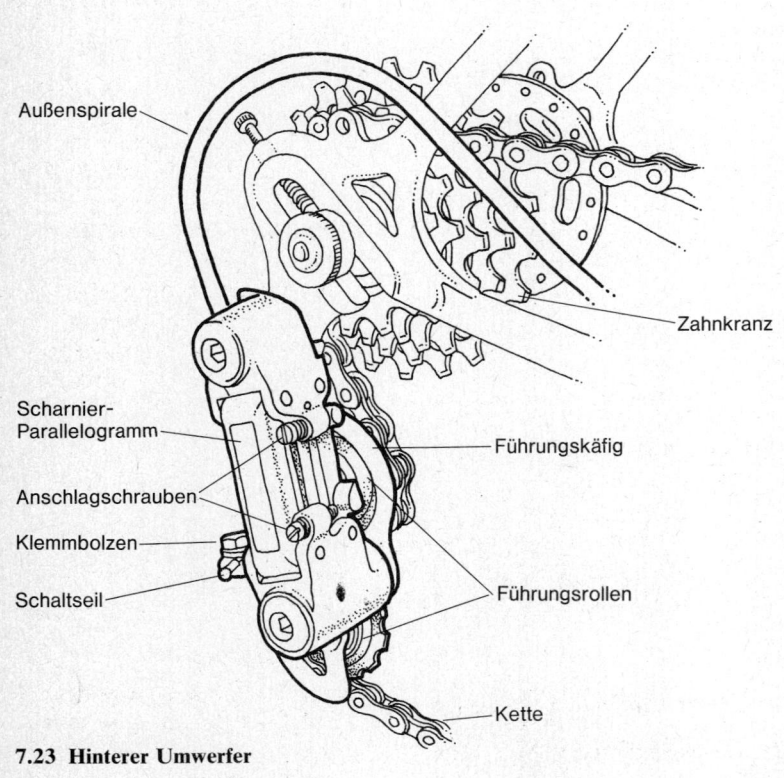

Außenspirale

Zahnkranz

Scharnier-Parallelogramm

Führungskäfig

Anschlagschrauben

Klemmbolzen

Schaltseil

Führungsrollen

Kette

7.23 Hinterer Umwerfer

■ Hinteren Umwerfer einbauen
(Bild 7.23)

Es ist zu beachten, daß der Umwerfer einen Bereich haben soll, der für den vorhandenen Zahnkranz ausreicht. Die meisten Umwerfer reichen bis zu 24 Zähnen, manche auch bis 28; bei über 28 Zähnen ist stets eine „GT"-Ausführung erforderlich.

Erforderliches Werkzeug
Schraubendreher
Inbusschlüssel
Schraubenschlüssel
Kettennietendrücker
Stofflappen
Vorgang
1. Umwerfer einschrauben (oder, falls keine Öse vorhanden, mit Adapter im Ausfallende einstecken) und Schraube festziehen.
2. Kette nach Bild 7.24 durchfädeln, durch die Führung des vorderen Umwerfers führen und verbinden.

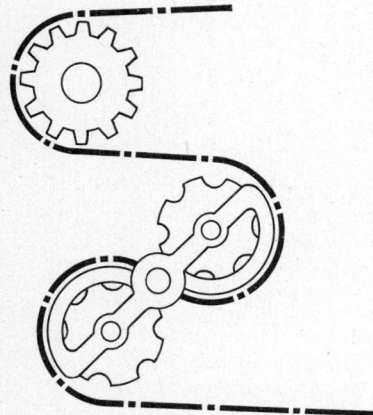

7.24 Verlauf der Kette

3. Schaltzug befestigen.
4. Hinterrad einbauen.
5. Schaltzug und Umwerfer ausprobieren und einstellen.

■ Kettenblattumwerfer ausbauen
(Bild 7.25)

Erforderliches Werkzeug
Schraubendreher
Schraubenschlüssel
Kettennietendrücker
Stofflappen
Vorgang
1. Rad umgekehrt aufstellen oder aufhängen.
2. Kette entfernen.
3. Eine Halterungsschraube entfernen; falls vorhanden: zweite lockern; Schaltzug abschrauben.

■ Kettenblattumwerfer einbauen
(Bild 7.25)

Es soll beachtet werden, daß verschiedene Modelle den Einbau unterschiedlich großer Kettenblattabstufungen erlauben. Die Beschreibung geht davon aus, daß die Kette schon entfernt wurde.

Erforderliches Werkzeug
Schraubendreher
Schraubenschlüssel
Kettennietendrücker
Stofflappen
Vorgang
1. Umwerfer am Sitzrohr anbringen. Abstand zwischen Kettenblatt und Führung beachten: 2 bis 6 mm.

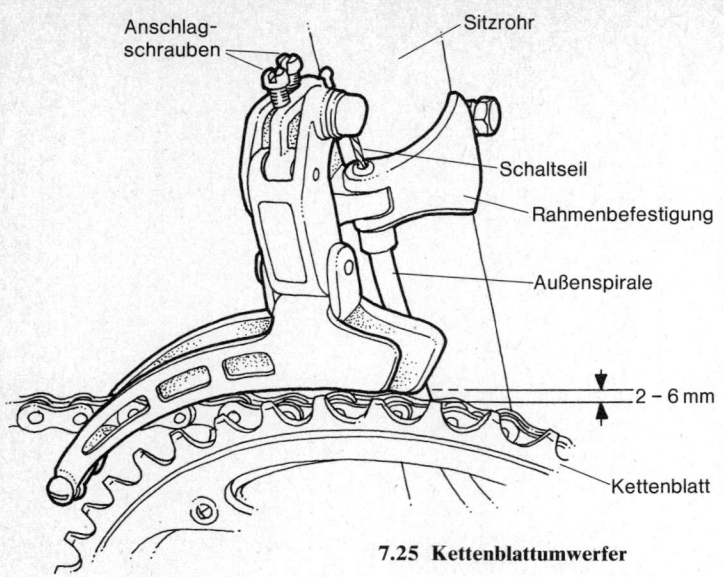

Labels on figure:
Anschlag-schrauben
Sitzrohr
Schaltseil
Rahmenbefestigung
Außenspirale
2 – 6 mm
Kettenblatt

7.25 Kettenblattumwerfer

2. Kette durch Kettenblattumwerfer und hinteren Umwerfer durchfädeln (siehe Bild 7.24 und 7.25) und verbinden.
3. Schaltzug verbinden.
4. Schaltzug und Umwerfer ausprobieren und einstellen.

Die Bedienung

■ **Bremszug oder Schaltzug entfernen** (Bild 7.26 und 7.28)

Erforderliches Werkzeug
Rollgabelschlüssel oder Schraubenschlüssel
Vorgang
1. Klemmbolzen an der Bremse oder am Umwerfer lockern und Seil herausziehen.
2. Seil aus der Außenspirale herausziehen: Spiralteile aufheben – auf Beschädigung prüfen und, falls in Ordnung, wiederverwenden.
3. Bremsgriff oder Schalthebel einziehen und Nippel des Seils herausdrücken.

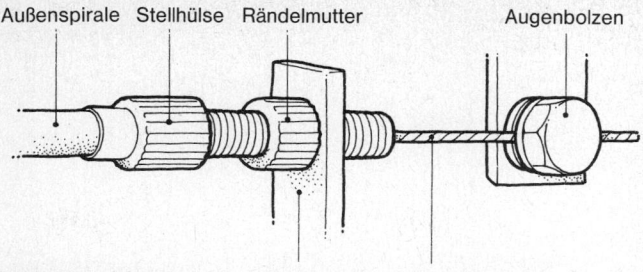

Außenspirale Stellhülse Rändelmutter   Augenbolzen

7.26 Nachstellvorrichtung   Ankerung Brems- oder Schaltseil

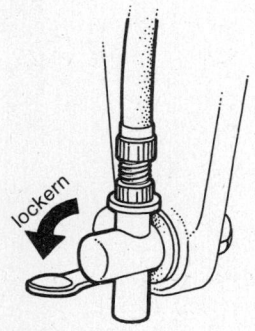

a) bei der Kabel-Aufhängung
(nur Mittelzugbremse)

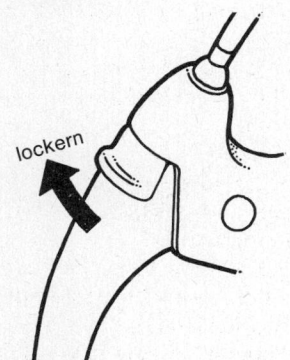

b) bei den Bremshebeln

7.28 Bremsentspanner

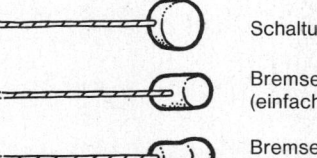

Schaltung

Bremse
(einfach)

Bremse
(besser)

7.27 Kabelnippeltypen

■ **Bremszug oder Schaltzug
einlegen** (Bild 7.26 und 7.27)

Erforderliches Werkzeug
Rollgabelschlüssel oder Schrauben-
schlüssel
Stofflappen
Vaseline
Vorgang
1. Brems- oder Schaltseil mit Vase-
line einschmieren.
2. Das Ende des Seils (ohne Nippel)
von innen nach außen durch die
Aussparung des Bremsgriff- oder
Schalthebelgehäuses stecken.

3. Seil durch sämtliche Führungen und Spiralteile ziehen.
4. Nachstellhülse ganz einschrauben, falls vorhanden: Bremsschnellspanner lockern.
5. Seil durch die Nachstellhülse stecken und mit dem Klemmbolzen locker festhalten.
6. Richtige Seilspannung durch Spannen des Seils einstellen und Klemmbolzen festziehen.
7. Funktionieren der Schaltung oder der Bremse prüfen; falls erforderlich: nachstellen.

■ Bremsgriff entfernen oder lockern (Bild 7.29)

Erforderliches Werkzeug
Kleiner Schraubendreher
Vorgang
1. Bremszug mit Schnellspannvorrichtung oder Nachstellhülse lockern.
2. Bremsgriff einziehen und feststellen, wie die Halterungsschraube zu erreichen ist.
3. Schraube lockern – aber nicht ganz herausschrauben.

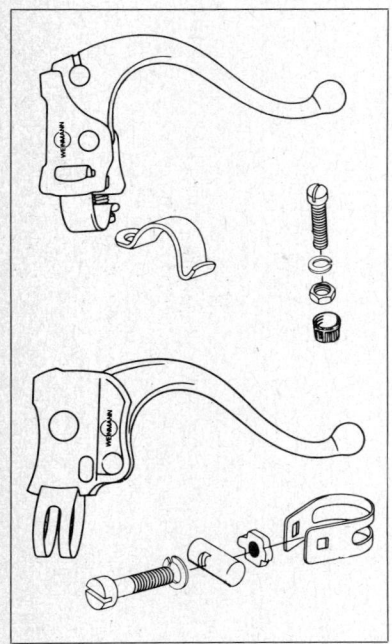

Bremshebel mit einfacher bzw. besserer Befestigung (Bild: Weinmann)

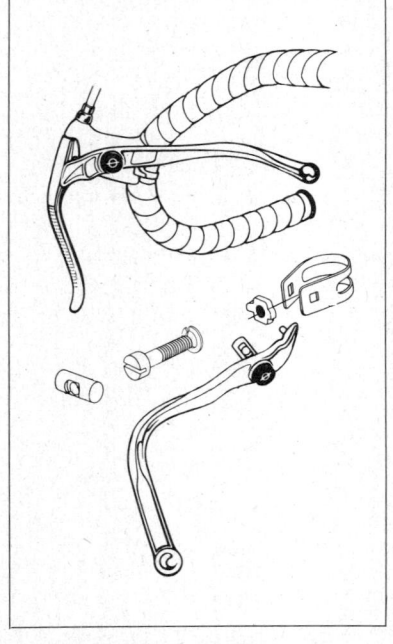

Befestigung eines Doppelbremshebels (Bild: Weinmann)

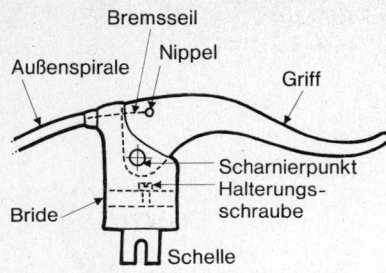

7.29 Bremsgriff

■ **Bremsgriff anbringen oder festziehen** (Bild 7.29)

Erforderliches Werkzeug
Kleiner Schraubendreher
Vorgang
(Bremszug muß gelockert sein).
1. Griff einziehen und feststellen, wie die Halterungsschraube zu erreichen ist.
2. Richtige Position des Bremsgriffs feststellen.
3. Halterungsschraube festziehen.
4. Bremszug spannen und Bremse ausprobieren, falls erforderlich: nachstellen.

Der Sattel

■ **Sattel ausbauen (herkömmliche Sattelstütze)** (Bild 7.30)

Erforderliches Werkzeug
Rollgabelschlüssel oder Schraubenschlüssel
Vorgang
1. Klobenbolzen lockern.
2. Sattel durch Drehen und Ziehen mit dem Kloben von der Sattelstütze entfernen.
3. Falls erforderlich, Bolzen weiter lockern und Sattel ausheben.

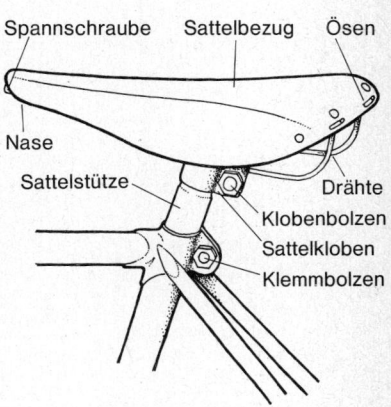

7.30 Sattelbefestigung

■ **Sattel einbauen (herkömmliche Sattelstütze)** (Bild 7.30)

Erforderliches Werkzeug
Rollgabelschlüssel oder passender Schraubenschlüssel

Vorgang
1. Klobenbolzen des Sattels lockern, bis der Kloben leicht über die Sattelstütze paßt.
2. Sattelkloben aufstecken.
3. Kloben so einstellen, daß Neigung und Position des Sattels stimmen.
4. Klobenbolzen festziehen.

■ **Sattel einbauen (Leichtmetallsattelstütze)** (Bild 7.31)
Es ist zu beachten, daß es Sättel mit unterschiedlich breiten Schienen- oder Drahtabständen gibt.

Erforderliches Werkzeug
Schraubenschlüssel oder Spezialschlüssel
Vorgang
1. Bolzen oder Mutter der Klemmvorrichtung lockern.
2. Falls erforderlich, alten Sattelkloben des Sattels entfernen.

Einstellschrauben

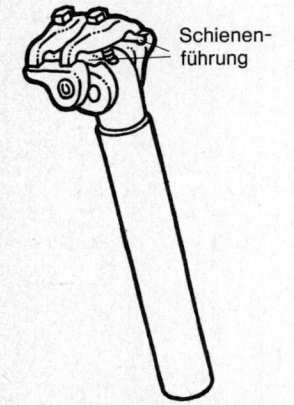

Schienenführung

3. Drähte in die Klemmvorrichtung einstecken.
4. Klemmvorrichtung etwas festziehen.
5. Sattel richtig einstellen.
6. Klemmvorrichtung ganz festziehen.

■ **Sattelstütze ausbauen** (Bild 7.30)

Erforderliches Werkzeug
Rollgabelschlüssel oder Schraubenschlüssel
Vorgang
1. Klemmbolzen lockern.
2. Durch Drehen und Ziehen am Sattel Stütze samt Sattel entfernen.
3. Falls erforderlich: Sattel wie oben beschrieben entfernen.

■ **Sattelstütze einbauen** (Bild 7.30)
Es ist zu beachten, daß es Sattelstützen mit unterschiedlichen Durchmessern gibt; die zu ersetzende Sattelstütze soll mit der Schieblehre auf 0,2 mm genau nachgemessen werden.

Erforderliches Werkzeug
Rollgabelschlüssel oder Schraubenschlüssel
Vorgang
1. Klemmbolzen lockern.
2. Sattelstütze hineinstecken und richtig einstellen.
3. Klemmbolzen festziehen.

7.31 Leichtmetallsattelstütze

8 Die Wartung ernstgenommen

Auch was in diesem Kapitel steht, braucht nicht jeder zu wissen oder zu machen: Diese Arbeiten kann man durchaus dem Fachmann überlassen. Wer aber sein Rad immer in einwandfreiem Zustand haben will und auf größtmögliche Zuverlässigkeit, Sicherheit und Leichtgängigkeit bedacht ist, führt sie am besten selbst durch.

Deshalb wird hier beschrieben, worauf zu achten ist, welches die erforderlichen Wartungsarbeiten sind und wie sie durchgeführt werden. Das notwendige Werkzeug überschreitet manchmal den Inhalt des in Kapitel 2 beschriebenen Werkzeug-

täschchens für unterwegs schon etwas, es braucht aber nicht unbedingt all das in Kapitel 6 beschriebene Werkzeug angeschafft werden. Wie immer werden wir das für die einzelnen Arbeiten notwendige Werkzeug aufzählen. Zuerst aber ein Wartungsschema, nach dem die Kontrollen und Wartungsarbeiten durchgeführt werden sollen (Tabelle 8.1).

Zunächst soll aber erklärt werden, wieso diese zusätzlichen Arbeiten auch regelmäßig erforderlich sind. Die Kugellager werden im Werk geschmiert und eingestellt; sie sind ziemlich verschleißfest, und die Schmierung hält lange. Aber das

Tabelle 8.1 − Wartungsschema

Häufigkeit	Arbeit	Beschreibung
bei jeder Fahrt	Bremsen, Beleuchtung und Reifendruck prüfen	Kapitel 3
wöchentlich bis monatlich	Kontrolle, Einstellung und Schmierung nach Schema:	
	Reinigen	Kapitel 5
	Schützen	Kapitel 5
	Schmieren	Kapitel 5
	Einstellen	Kapitel 5
ein- bis zweimal jährlich	Kugellager schmieren und einstellen	siehe unten
	Kette ersetzen oder schmieren	Kapitel 5
	Bremsgummis oder -schuhe ersetzen	siehe unten
	Brems- und Schaltzüge ersetzen	siehe unten

Kugellagerfett nimmt nach und nach den geringen Metallabrieb auf, und es wird allmählich – weil es Luft und Nässe ausgesetzt ist – ausgetrocknet, weggespült und verschmutzt. Das beeinträchtigt seine Schmiereigenschaften und erhöht den Verschleiß der Kugellagerlaufflächen und auch der – sehr harten – Kügelchen. Außerdem lockern sich die Lager durch Abnutzung, was den Verschleiß wiederum erhöht und schließlich die

Aufbau einer typischen Seitenzugbremse (Bild: Weinmann)

Leichtgängigkeit beeinträchtigt.

Die Kette nutzt sich auf ähnliche Weise ab. Außerdem wird sie, sowohl durch Verschleiß wie durch Zugkräfte, immer länger. Eine verschmutzte Kette läuft natürlich immer viel schwerer, und durch die Ausdehnung wird der richtige Ablauf auf Kettenblatt und Ritzel beeinträchtigt. Diese Teile werden dabei abgenutzt und so die Kraftübertragung weiter erschwert. Eine nur wenig beanspruchte Kette benötigt längere Zeit keine Reinigung und Schmierung, aber wenn das Rad viel

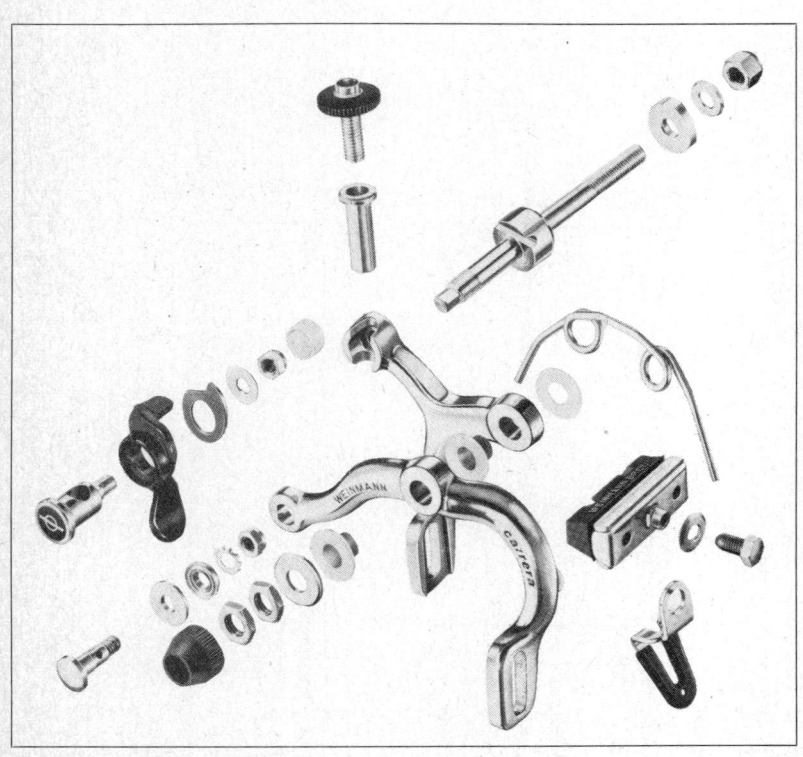

gefahren wird, sollte die Kette dann und wann ersetzt werden. Wenn sie zu spät ersetzt wird, verträgt sich die neue Kette mit dem alten Ritzel und Kettenblatt nicht mehr. Die Folge sind Rasseln und häufiges Überspringen von Zähnen. Die beste Lösung ist deshalb, alle sechs bis zwölf Monate die Kette zu wechseln – sonst müßten Kette, Kettenblatt und Ritzel zusammen ersetzt werden.

Die Brems- und Schaltzüge verschleißen zwar nicht, sie sind aber der Witterung ausgeliefert, und sie korrodieren und verschmutzen deshalb auf Dauer schon. Das macht sie schwergängiger, schwächt sie und führt dazu, daß das Schalten und Bremsen immer schwerer und ungenauer geht, bis eines Tags der Nippel gerade dann abreißt, wenn kräftig gebremst werden muß. Obwohl Schmierung die Lebensdauer der Züge verlängert, kann auf die Dauer nur das Auswechseln Zuverlässigkeit und Leichtgängigkeit garantieren.

**Aufbau einer Mittelzugbremse
(Bild: Weinmann)**

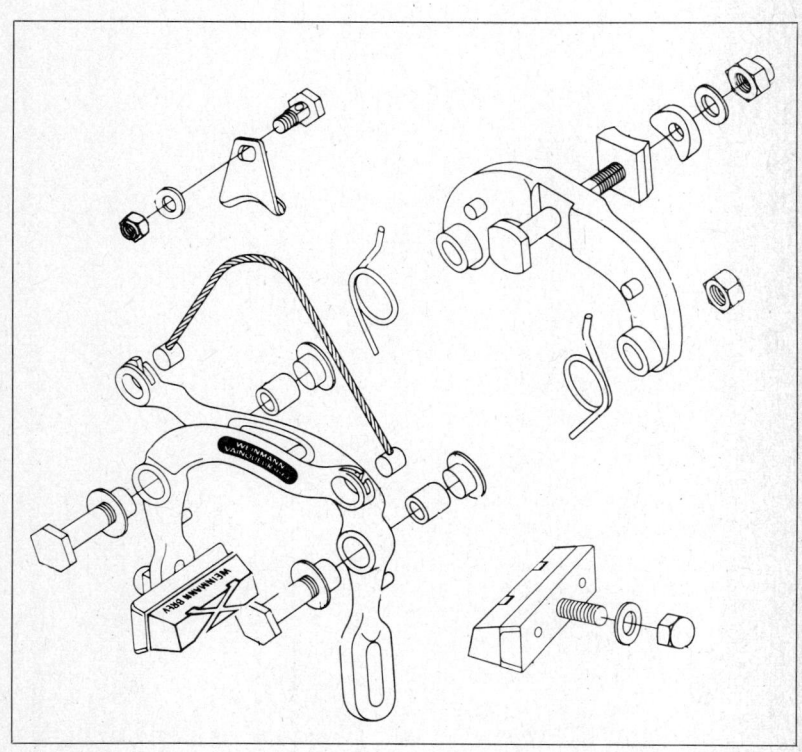

Dabei werden am besten auch gleich die Außenspiralen (preiswerte Meterware) ausgewechselt. Diese werden manchmal beim Abstellen des Fahrrads oder beim Mitführen von Gepäck beschädigt; das beeinträchtigt auch das genaue und sichere Funktionieren der Bremsen und der Schaltung. Beim Abtrennen der Außenspirale ist aber achtzugeben, daß das Spiralende nicht nach innen verhakt ist (Bild 8.1), weil das auch das Funktionieren des Zugs beeinträchtigt.

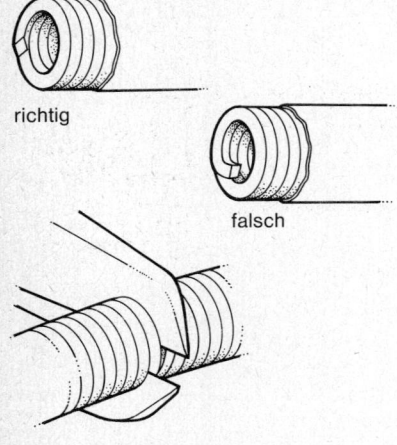

richtig

falsch

8.1 Außenspirale

Die Bremsgummis der Felgenbremsen sind einmal jährlich zu ersetzen. Bei den Backenbremsen sieht man den Verschleiß überhaupt nicht. Sie werden aber auch abgenutzt und sollten hin und wieder neu belegt werden. Jede Werkstatt, die auch Mofas repariert, kann dies innerhalb weniger Tage durchführen.

Nachstellen der Kugellager

Diese Arbeit muß gemacht werden, sobald ein Teil, wie z.B. Tretlager, Laufrad, Lenkung oder Pedal, nicht mehr einwandfrei funktioniert – auch wenn die jährliche oder halbjährliche Schmierung noch nicht fällig ist. Im Grunde ist die Arbeit bei sämtlichen Lagern gleich: ein verschraubter Konus oder eine verschraubte Lagerschale wird etwas fester oder weniger fest verschraubt und mit der Kontermutter neu gesichert. Für die einzelnen Lager folgen genaue Beschreibungen.

■ **Nabenlager einstellen** (Bild 8.2)
Die Beschreibung geht davon aus, daß das Laufrad zuvor ausgebaut wurde.

Erforderliches Werkzeug
Konusschlüssel
Rollgabelschlüssel oder Gabelschlüssel
Schraubstock (oder notfalls extra Rollgabelschlüssel)
Vorgang
1. Eine der zwei Kontermuttern halten und die andere lockern.
2. Auf der Seite der gelockerten Kontermutter den Konus ganz wenig ein- oder ausschrauben.
3. Kontermutter festziehen und probieren; falls erforderlich: Vorgang wiederholen, bis die Nabe ohne Spiel frei dreht. Falls diese Einstellung nicht erreicht werden kann, soll die Nabe überholt werden (Beschreibung Seite 90).

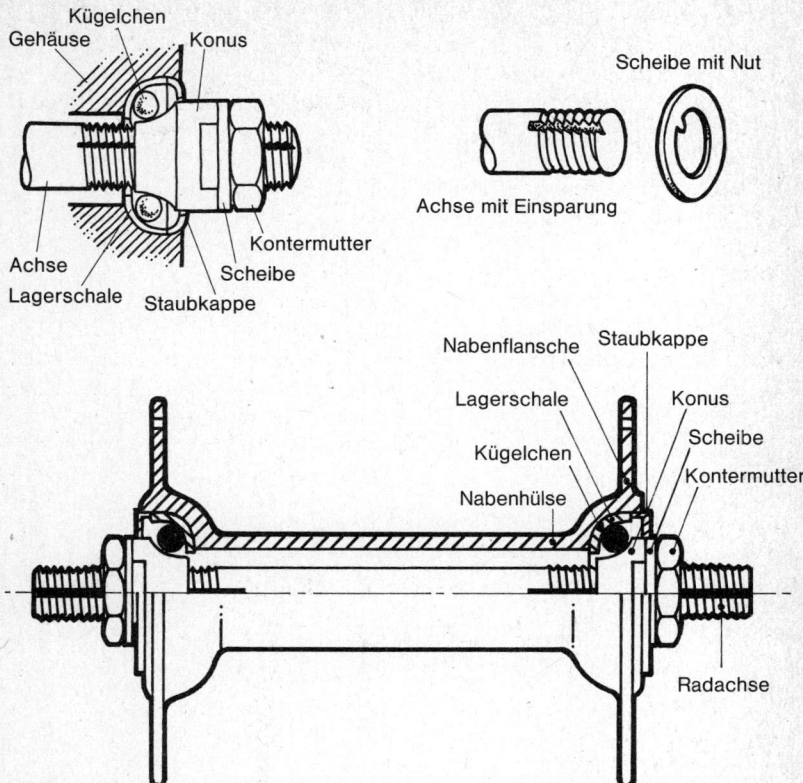

Kügelchen
Gehäuse
Konus

Scheibe mit Nut

Achse mit Einsparung

Kontermutter
Achse
Scheibe
Lagerschale
Staubkappe

Nabenflansche Staubkappe
Lagerschale
Konus
Kügelchen
Scheibe
Nabenhülse
Kontermutter

Radachse

8.2 Nabenlager einstellen

■ **Steuersatz einstellen** (Bild 8.3)

Erforderliches Werkzeug
Unterschiedlich je nach Bauart:
Konterringzange (notfalls Wasserpumpenzange) oder
großer Rollgabelschlüssel oder
Spezialsteuersatzschlüssel
Vorgang
1. Kopfmutter lockern.

2. Schraubschale mit der Hand ganz wenig ein- oder ausschrauben.
3. Kopfmutter festziehen.
4. Probieren; falls erforderlich: Vorgang wiederholen, bis die Lenkung frei dreht ohne Spiel; falls dies nicht erreicht werden kann, soll der Steuersatz überholt oder ersetzt werden (Beschreibung auf Seite 69).

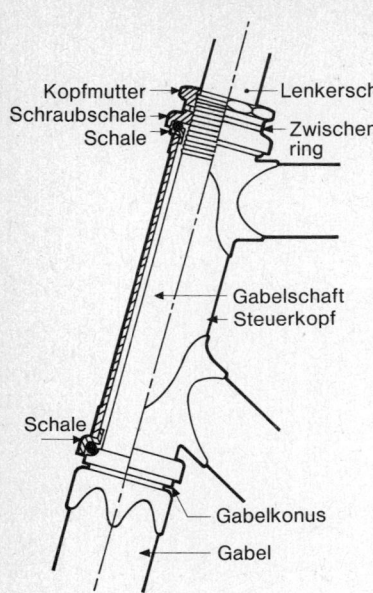

Kopfmutter — Lenkerschaft
Schraubschale —
Schale — Zwischen ring

Gabelschaft
Steuerkopf

Schale —

Gabelkonus
Gabel

8.3 Steuersatz einstellen

■ Tretlager einstellen (BSA-Lager)
(Bild 8.4)

Dieser Vorgang wird erleichtert, wenn die linke Tretkurbel zuvor ausgebaut wird.

Erforderliches Werkzeug
Konterringzange oder Spezialwerkzeug (notfalls Wasserpumpenzange)
Stiftzange oder Spezialwerkzeug (notfalls Versenker und Hammer)
Vorgang
1. Konterring lockern (auf der linken Seite des Tretlagers).
2. Verstellbare Lagerschale ganz wenig ein- oder ausdrehen.
3. Konterring festziehen.
4. Probieren. Falls erforderlich: Vorgang wiederholen, bis die Tretlager einwandfrei funktionieren. Wenn dies nicht erreicht werden kann, sollte das Tretlager überholt werden (Beschreibung auf Seite 75 ff.).

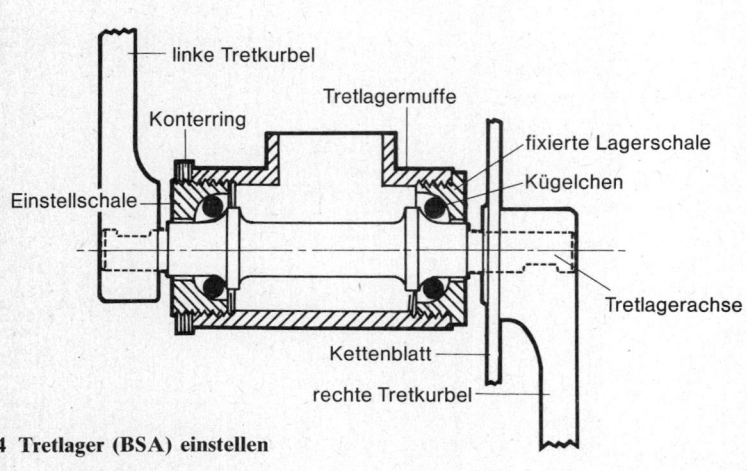

linke Tretkurbel
Tretlagermuffe
Konterring
fixierte Lagerschale
Kügelchen
Einstellschale
Tretlagerachse
Kettenblatt
rechte Tretkurbel

8.4 Tretlager (BSA) einstellen

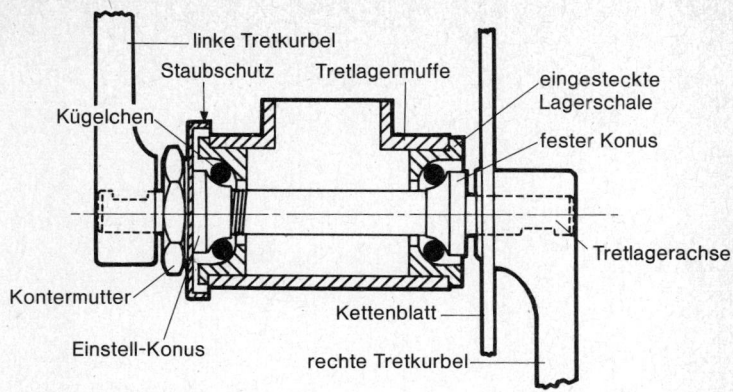

linke Tretkurbel
Staubschutz   Tretlagermuffe
Kügelchen
eingesteckte Lagerschale
fester Konus
Tretlagerachse
Kontermutter
Kettenblatt
Einstell-Konus
rechte Tretkurbel

8.5 Tretlager (Thompson) einstellen

■ **Tretlager einstellen (Thompson-Lager)** (Bild 8.5)
Dieser Vorgang wird erleichtert, wenn die linke Tretkurbel zuvor ausgebaut wird.

Erforderliches Werkzeug
Großer verstellbarer Schlüssel
Schraubendreher
Vorgang
1. Kontermutter *nach rechts* abschrauben (Linksgewinde!).
2. Scheibe leicht abheben.
3. Konus mit der Staubkappe einstellen.
4. Kontermutter *nach links* festziehen.

■ **Pedal einstellen** (Bild 8.6)

Erforderliches Werkzeug
Pedalkappenschlüssel (zur Not: Spitzzange)
Kleiner Gabelschlüssel
Bei manchen Fabrikaten: kleiner Schraubendreher
Vorgang
1. Pedalkappe entfernen.
2. Kontermutter lockern oder, falls erforderlich, ganz abschrauben.

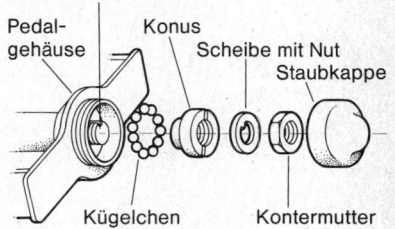

Achse mit Einsparung
Pedal-
gehäuse
Konus
Scheibe mit Nut
Staubkappe
Kügelchen
Kontermutter

8.6 Pedal einstellen

3. Falls erforderlich: Scheibe abheben.
4. Konus ein- oder ausschrauben.
5. Falls erforderlich: Scheibe aufstecken.
6. Kontermutter festziehen.
7. Probieren; falls erforderlich: Vorgang wiederholen, bis das Pedal einwandfrei funktioniert. Falls dies nicht gelingt, sollte das Pedal überholt oder ersetzt werden (Beschreibung auf Seite 73).

achse und Lagerschalen ersetzen, dabei Fabrikat und Gewindetyp beachten.

■ **Pedale**
Hier lohnt sich ein Überholen manchmal nicht. Man kann vorerst einmal versuchen, die Kügelchen zu ersetzen: Größe $5/32''$, sonst sollten die Pedale ganz ersetzt werden.

Überholen der Kugellager

Beim Überholen eines Kugellagers werden die Kügelchen und die Konen, manchmal auch die Lagerschalen, ersetzt. Folgende Punkte sind dabei zu beachten (im übrigen den schon bekannten Ausbau-Anleitungen folgen):

■ **Nabe**
Ausbaubeschreibung auf Seite 90; Kügelchen der Größe $3/16''$ oder $7/32''$ (Vorderrad) oder $1/4''$ (Hinterrad); beide Konen ersetzen; Fabrikat und Modell beachten.

■ **Steuersatz**
Ausbaubeschreibung auf Seite 69; Kügelchen der Größe $5/32''$ (üblicherweise); den ganzen Steuersatz ersetzen; Gewindetyp und Fabrikat beachten.

■ **Tretlager**
Ausbaubeschreibung auf Seite 75 ff.; Kügelchen der Größe $1/4''$; Lager-

9 Die häufigsten Reparaturarbeiten

In diesem Kapitel werden wir uns mit den Arbeiten befassen, die eine Reparatur in der Werkstatt erfordern, falls man sie selber durchführen möchte. Wie in den vorigen Kapiteln dieses Teils, kann auch hier natürlich nicht alles behandelt werden, was jemals vorfallen kann. Das bedeutet aber nicht unbedingt, daß solche Arbeiten nicht in eigener Regie durchzuführen wären: Zur Not ist praktisch alles selber zu machen!

Das Fahrrad ist ein von Menschen erfundenes und gebautes Gerät. Jeder systematisch und aufmerksam vorgehende Mensch kann es deshalb mit etwas Geschick auch instand setzen. Dabei ist zu bedenken, daß nicht die eigentliche Reparatur, sondern die Feststellung, *was genau kaputt ist,* schwierig sein kann. Vielleicht ist dabei am besten so vorzugehen:

■ Liegt die Störung tatsächlich dort, wo sie sich äußert, oder könnte sie auch von einem anderen Teil des Fahrrads herrühren? Dazu systematisch die mit dem ,,verdächtigen" Teil verbundenen Teile nachprüfen, im Stillstand, im Leerlauf und beim Fahren.

■ Kann das Problem durch Festziehen, Nachstellen oder Schmieren behoben werden?

■ Falls tatsächlich ein Teil kaputt ist: Reparieren oder Auswechseln?

■ Falls die Reparatur des Teils erforderlich und keine Beschreibung vorhanden ist, soll das Teil systematisch ausgebaut werden; man macht sich Notizen von der Reihenfolge der Handgriffe!

■ Beachten, daß manche Sachen Linksgewinde haben: Was sich nicht nach links aufschrauben läßt, kann vielleicht nach rechts gedreht werden.

■ Wenn die kaputte Stelle gefunden wurde, sollten auch die benachbarten Teile überprüft und, falls erforderlich, ersetzt werden.

■ Beim Kauf eines neuen Teils sind immer Fabrikat, Typ und Maß oder Gewindetyp anzugeben. Am besten nimmt man aber das Teil und das, wozu es passen soll, ins Fachgeschäft mit.

■ Es empfiehlt sich manchmal, gleich mehrere Teile auszuwechseln, z.B. Kettenblatt und Kette, Lagerschalen, Konus und Kügelchen (auch wenn nicht alle diese Teile sichtbar beschädigt sind).

■ Beim Einbau soll alles zuerst gereinigt und geschmiert werden.

■ Beim Einbau ist wieder genauso systematisch vorzugehen wie beim Ausbau; die Funktion sollte immer gleich ausprobiert werden.

Der Rahmen

Am Rahmen wird nur selten etwas zu reparieren sein; nach einem Sturz oder Unfall ist er aber auf Verbiegung oder Bruchstellen zu überprüfen. Die erforderliche Arbeit läßt man dann aber vom Fachmann machen, falls sich die Reparatur überhaupt lohnt. So wird kontrolliert:

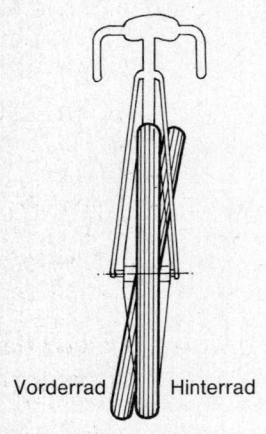

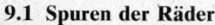

Vorderrad   Hinterrad

9.1 Spuren der Räder

■ Verwindung des Rahmens

Erforderliches Werkzeug
3 m Bindfaden
Lineal
Vorgang
1. Fahrrad umgekehrt aufstellen.
2. Man stellt sich hinter das Hinterrad und schaut nach, ob beide Räder genau in einer Flucht hintereinanderliegen oder so eingestellt werden können. Falls dies nicht zutrifft, „spuren" die Räder nicht; das bedeutet, daß entweder der Rahmen oder die Gabel verbogen ist.
3. Man nimmt einen Bindfaden und legt ihn nach Bild 9.2 um den Rahmen; der Abstand zwischen dem Faden und dem Sitzrohr soll auf beiden Seiten genau übereinstimmen. Falls dies nicht stimmt, ist der Rahmen verbogen. Vom Fachmann ist festzustellen, ob eine Reparatur möglich ist oder nicht.

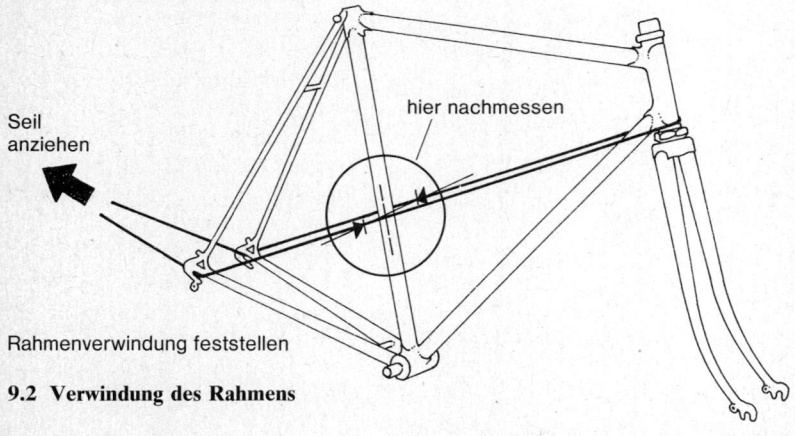

Seil
anziehen

hier nachmessen

Rahmenverwindung feststellen

9.2 Verwindung des Rahmens

4. Falls der Rahmen nicht verbogen war, liegt der Fehler an der Gabel; die Reparatur wird bei dem Stichwort *Lenkung* behandelt.

■ Verbeultes Rahmenrohr

Erforderliches Werkzeug
Kein Werkzeug erforderlich
Vorgang
Ober- und Unterrohr hinter den Steuersatzmuffen untersuchen und feststellen, ob eine Beule wie in Bild 9.3 sichtbar ist. Die Reparatur erfordert das Einlöten eines oder mehrerer neuer Rahmenrohre und lohnt sich nur bei einem teuren Rahmen: Beim billigeren Rad muß der ganze Rahmen ersetzt werden; eine Weiterfahrt könnte lebensgefährlich sein!

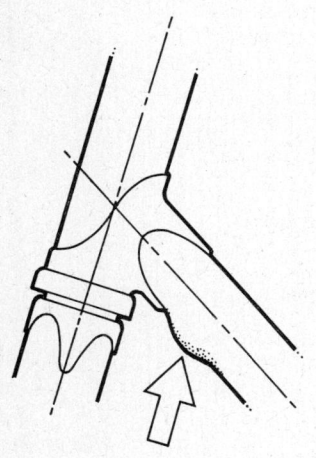

9.3 Rahmenrohrbeule

Die Lenkung

Störungen bei der Lenkung sind entweder Schwergängigkeit der Lenkung, Gabelbruch oder Verbiegung des Lenkers oder der Gabel. Die Verbiegung ist meistens sichtbar oder wird bei der Überprüfung des Rahmens nach dem oben beschriebenen Vorgang erkannt. Der Lenker ist manchmal zurechtzubiegen; die Gabel kann nur vom Fachmann und manchmal sogar überhaupt nicht gerichtet werden.

■ Lenker ausrichten
Dieser Vorgang ist nur möglich, falls *keine* Risse oder scharfe Falten im Lenkerrohr sichtbar sind; sind solche Risse oder Falten vorhanden, ist der Lenker zu ersetzen, da er sonst brechen könnte. Die Beschreibung geht davon aus, daß zuerst der Lenker komplett mit dem Vorbau ausgebaut wurde.
Erforderliches Werkzeug
Zentimetermaß
Vorgang (Bild 9.4)
1. Abstand Lenkerende–Lenkermitte auf beiden Seiten messen, um festzustellen, um wieviel Zentimeter die eine Seite ausgerichtet werden muß.
2. Das gerade Ende des Lenkers auf den Fußboden stützen: Fuß aufstellen, das andere Ende von Hand biegen, bis die im Vorgang 1 gemessenen Maße übereinstimmen.
3. Noch mal auf Risse oder Quetschfalten prüfen.

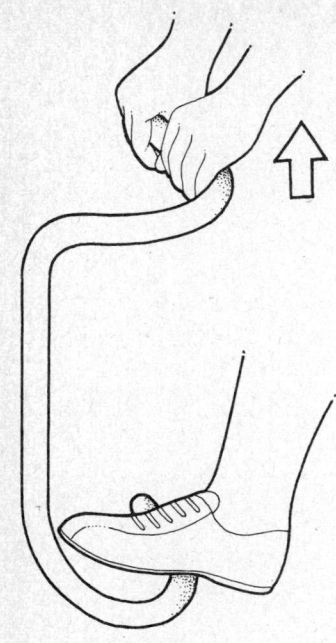

9.4 Richten des Lenkers

■ Lenkung schwergängig

Erforderliches Werkzeug
Wie beim *Nachstellen des Steuersatzes* (Seite 94) oder *Steuersatz ausbauen* (Seite 69)

Vorgang
1. Steuersatz nachstellen (Beschreibung auf Seite 94).
2. Falls erforderlich: Steuersatz überholen.
3. Falls Steuersatz noch in gutem Zustand, ist die Gabel oder der Rahmen verbogen. Ersetzen oder vom Fachmann reparieren lassen.

■ Gabelbruch
In diesem Fall muß natürlich eine neue Gabel eingebaut werden (Beschreibung auf Seite 70). Die Bruchstelle ist immer am Gabelrohr und deutet manchmal darauf hin, daß der Lenkerschaft nicht tief genug im Gabelrohr gesteckt hat. Beim Einbauen immer so tief einstecken, daß mindestens 6,5 cm des Lenkerschafts innerhalb des Gabelrohrs, unter der Steuersatzkopfmutter, liegen. Manchmal ist die minimale Einstecktiefe auf dem Lenkerschaft markiert.

Die Laufräder

Neben dem Ärger mit den Reifen tritt bei den Laufrädern der *Schlag* oder *Achter* am meisten auf. Wie diese Übel zu beheben sind, wurde schon in Kapitel 3 beschrieben. Hier folgt noch die Beschreibung der Schlauchreifenreparatur und was bei Schwergängigkeit des Laufrads zu tun ist.

■ Schlauchreifenreparatur
(Bild 9.4)
Das ist eine Geduldsarbeit für die langen Winterabende. Am besten sammelt man eine größere Zahl kaputter Schlauchreifen – falls man sich so viele neue leisten kann – und repariert alle gleichzeitig, weil die Arbeit dann mit jedem Reifen leichter wird. Die Beschreibung geht davon aus, daß der Schlauchreifen schon vom Rad entfernt wurde.

Erforderliches Werkzeug
Spezielles Schlauchreifenflickzeug
Sehr scharfes Messer
Vorgang
1. Reifen aufpumpen und feststellen, wo Luft austritt, notfalls Reifen unter Wasser tauchen: Stelle markieren.
2. Abdeckband an der markierten Stelle 10 bis 15 cm abtrennen.
3. Mit Kugelschreiber etwa fünf Querstriche über der Naht anbringen, damit das Zusammennähen später erleichtert wird.
4. Die Naht 7 bis 10 cm vorsichtig auftrennen und auseinanderziehen.
5. Unteres Abdeckband zurückhalten und Schlauch 10 bis 15 cm herausziehen.
6. Auf die übliche Weise den Schlauch reparieren, Talkum auftragen; nicht aufpumpen!

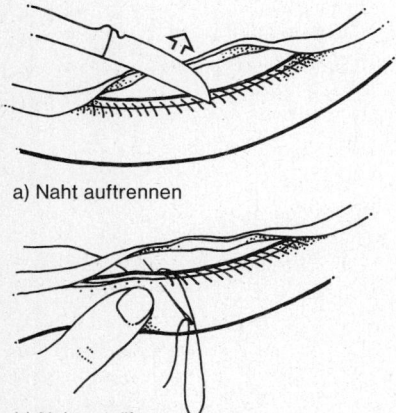

a) Naht auftrennen

b) Naht zunähen

9.5 Schlauchreifenreparatur

7. Schlauch in den Mantel zurückstecken, Band und Naht ausrichten.
8. Naht zusammennähen, während der Schlauch zurückgehalten wird; nicht zu fest anziehen, damit die Naht flach liegt. Faden nicht knoten, sondern das Ende vernähen.
9. Abdeckband aufkleben.
10. Aufpumpen und testen. Ganz wenig aufgepumpt aufbewahren, vorzugsweise um eine Felge gespannt.

■ **Schwergängigkeit eines Laufrades**

Erforderliches Werkzeug
Je nach Schaden
Vorgang
1. Feststellen, ob das Rad streift: an Bremse, Schutzblech, Gabel, Rahmenrohr, Dynamo oder Mantelschoner. Falls erforderlich: Beseitigen durch Einstellen des Laufrads oder Verbiegen oder Einstellen des betreffenden Teils.
2. Feststellen, ob das Rad einen Achter hat; falls erforderlich: beseitigen (Beschreibung auf Seite 42).
3. Falls erforderlich: Nabe einstellen (Beschreibung auf Seite 90).
4. Falls erforderlich: Nabe überholen (Beschreibung auf Seite 94).
5. Falls erforderlich: Neue Nabe vom Fachmann einbauen lassen oder nach Kapitel 10 selbst einspeichen.

Der Antrieb

Die am häufigsten auftretenden Antriebsprobleme sind Schwergängigkeit und ein mysteriöses Knacken, das nur manchmal zu hören ist. Da gibt es eben nichts als Geduld und systematische Analyse und noch mehr Geduld und schließlich etwas Glück. Bei jedem Antriebsproblem – egal welcher Art – kann man etwa so vorgehen:

1. Feststellen, ob etwas streift: Kette, Rad, Tretkurbel, Pedal, Kettenblatt, Umwerfer.
2. Ist irgend etwas erkennbar fest, verbogen oder locker?
3. Drehen die Teile einzeln frei?
4. Hilft Reinigen, Schmieren oder Nachstellen?
5. Kette abmachen und feststellen, ob die Ursache vorne (beim Tretlager), hinten (beim Hinterrad) oder gerade in der Mitte (bei der Kette) liegt.
6. Wenn's sein muß, die einzelnen Teile nach der Beschreibung in den vorangegangenen Kapiteln nachstellen, schmieren, überholen oder ersetzen.

■ Kettenblatt ausrichten

Ein Streifen der Kette am Kettenblattumwerfer deutet manchmal darauf hin, daß das Kettenblatt nicht mehr richtig flach ist. Das ist festzustellen, indem man das Rad umgekehrt aufstellt und beim Drehen der Tretkurbel das Kettenblatt beobachtet. Falls notwendig, so vorgehen:

Erforderliches Werkzeug:
Großer Rollgabelschlüssel
Schonhammer

Vorgang
1. Rad umgekehrt aufstellen.
2. Tretkurbel drehen und feststellen, ob es sich um einzelne Zähne handelt oder um eine größere Fläche des Kettenblatts.
3. Falls einzelne Zähne: Mit Rollgabelschlüssel als Biegezange ausrichten (Bild 9.6), dabei aufpassen, daß das Kettenblatt nicht stärker verbogen wird.
4. Falls eine größere Fläche ausgerichtet werden soll, macht man das durch vorsichtiges Klopfen mit dem Holzhammer gegen den mittleren Teil des Kettenblatts, also bei den Befestigungsschrauben.

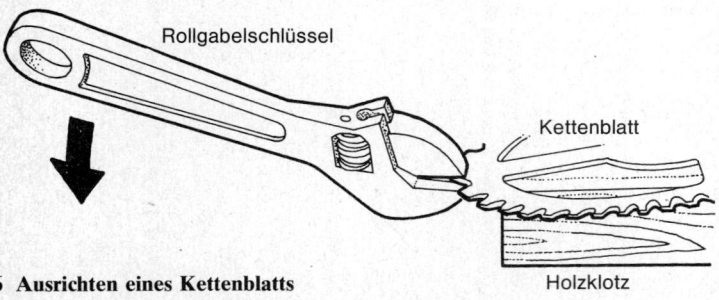

9.6 Ausrichten eines Kettenblatts

■ Feststellen, ob die Kette ersetzt werden soll

Knacksen oder sonstige Antriebsprobleme werden manchmal durch Verschleiß der Kette verursacht. Die Kette soll ausgewechselt werden, sobald die Glieder einzeln vorne vom Kettenblatt 3 mm abgehoben werden können (Bild 9.7). Falls danach der Antrieb manchmal ruckartig zu springen scheint – in manchen Gängen der Kettenschaltung mehr als in anderen –, soll zusätzlich auch der Zahnkranz (oder die einzelnen Ritzel) ersetzt werden.

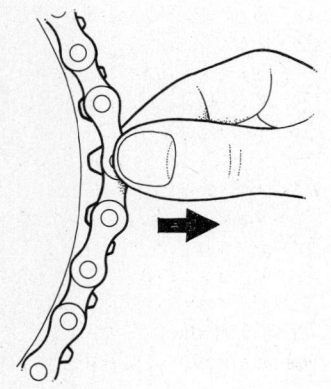

9.7 Kettendehnung

■ Tretkurbel ausrichten

Nicht versuchen, diese Arbeit selber zu machen! Der Fahrradfachmann hat dazu ein ganz praktisches Werkzeug, mit dem er dieses ohne Schaden und für wenig Geld in ein paar Minuten in Ordnung bringt.

Die Bremsen

Meistens braucht die Bremse nur nachgestellt oder festgesetzt zu werden. Sollte ein Teil der Bremse verbogen, beschädigt oder gar gebrochen sein, empfiehlt es sich, das einzelne Teil einfach zu ersetzen – es gibt Teile für alle besseren Bremsen einzeln zu kaufen. Übrigens ist das, was als ein Bremsproblem dargestellt wird, manchmal eher ein Bedienungs- oder ein Laufradproblem: Durch Ersetzen des Bremszugs, Ausrichten des Laufrads oder durch Nachstellen sind solche Schwierigkeiten schnell behoben. Die immer mehr beliebte Trommelbremse ist wenigstens einmal jährlich aufzumachen, damit die Bremsbeläge überprüft werden können. Sie sollen vom Fachmann ersetzt werden, wenn die Nieten weniger als 1 mm versenkt sind.

Die Gangschaltung

Reinigen, Schmieren, Nachstellen und Schaltzüge ersetzen, das sind die Dinge, die an der Schaltung vorzunehmen sind. Eine echte Reparatur ist nur selten erforderlich. Sollte es immer noch Probleme geben, ist zuerst zu prüfen, ob die Kettenlänge stimmt (Beschreibung auf Seite 39). Erst nachdem diese Fehlermöglichkeit untersucht wurde, geht man an die Schaltung selber heran – vorsichtig und systematisch.

■ **Wartung des Kettenblatt-
umwerfers** (Bild 9.8)

Erforderliches Werkzeug
Schraubendreher
Schraubenschlüssel
Stofflappen
Reinigungsmittel (eine Mischung
von Petroleum und Schmieröl empfiehlt sich)
Vorgang
1. Kette ausbauen.
2. Umwerfer reinigen.
3. Umwerfer von Hand betätigen:
   Wenn er dann richtig funktioniert,
   tut er es auch mit richtig einge-
   stelltem und geschmiertem
   Schaltzug.

4. Falls er nicht richtig funktioniert,
   ist ein Teil beschädigt: feststellen
   welches und ersetzen.
5. Kette einbauen, schmieren, einstellen und ausprobieren.

■ **Wartung des hinteren Umwerfers**
   (Bild 9.9)

Erforderliches Werkzeug
Schraubendreher
Schraubenschlüssel
Kleine Zange
Vorgang
1. Kette entfernen.
2. Umwerfer reinigen: Am wichtig-
   sten sind die Lager der kleinen

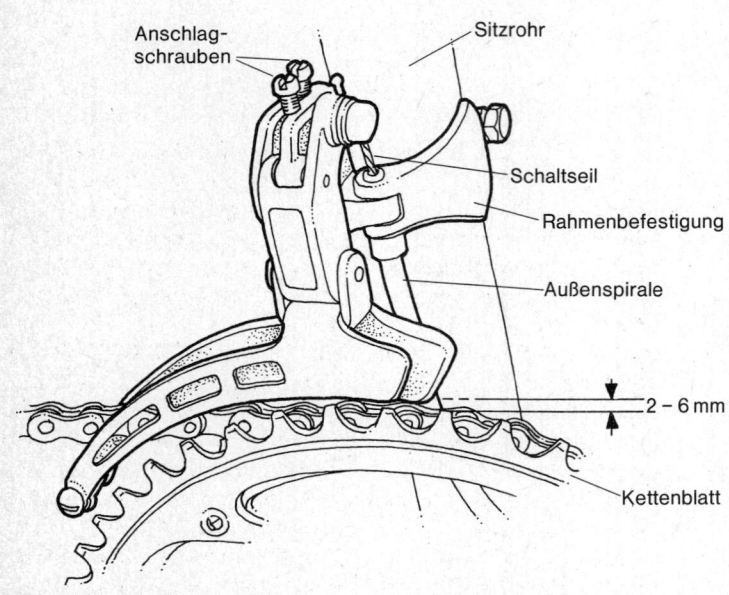

Anschlag-
schrauben

Sitzrohr

Schaltseil

Rahmenbefestigung

Außenspirale

2 – 6 mm

Kettenblatt

9.8 Kettenblattumwerfer

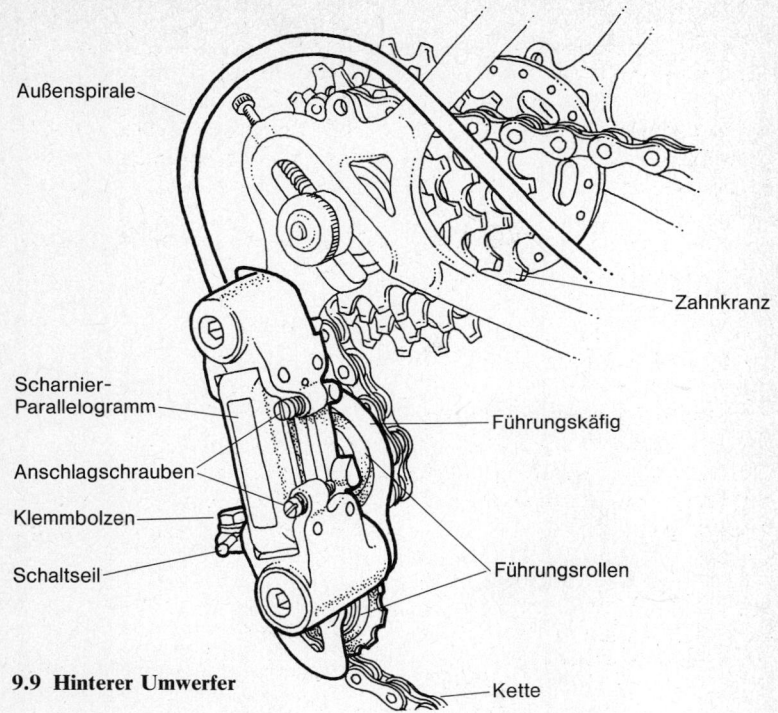

Außenspirale

Zahnkranz

Scharnier-
Parallelogramm

Führungskäfig

Anschlagschrauben

Klemmbolzen

Schaltseil

Führungsrollen

9.9 Hinterer Umwerfer

Kette

Rollen, die Rollen selbst und die Drehpunkte der Führung und des Parallelogramms.

3. Falls erforderlich, beschädigte Teile ersetzen oder ausrichten.

4. Gegebenenfalls ist die Feder, die innen irgendwo – je nach Fabrikat unterschiedlich – eingebaut ist, etwas anzuspannen.

5. Kette einbauen; schmieren, nachstellen und probieren. Wenn's noch nicht klappt, ist zu überlegen, ob dieser Umwerfer für den benutzten Zahnkranz ausreicht. Beim Fachgeschäft nachfragen und notfalls Umwerfer oder Zahnkranz ersetzen.

■ Wartung der Nabenschaltung

Nur wer Sinn für Abenteuer hat, sollte es sich zumuten, eine Dreigangnabe selbst zu überholen – es ist aber keine Unmöglichkeit für den, der systematisch vorgeht. Das wird aber nur selten erforderlich sein, denn die meisten Störungen der Nabenschaltung sind mit Einstellen oder Ersetzen des Schaltseils zu beheben (siehe Kapitel 4 und Kapitel 8). Wenn das nicht genügt, empfiehlt es sich, den Fahrradfachmann zu Rate zu ziehen: Der sagt gerne, ob sich eine Reparatur lohnt oder nicht. Wenn sie sich nicht lohnt, muß eben eine neue Nabe eingebaut werden;

dabei geht man so vor, wie in Kapitel 10 (*Die Laufräder selbst einspeichen*) beschrieben – oder man überläßt auch diese Arbeit dem Fachmann.

Manche Teile nimmt man am besten nicht selbst auseinander, wie z.B. diesen Nabendynamo von Sturmey-Archer. Er ist heute bei manchen Rennfahrern für das Wintertraining sehr beliebt, weil er auch bei Schnee und Eis gut funktioniert und die teuren Schlauchreifen schont

Die Beleuchtung

Die Reparaturen der Lichtanlage beschränken sich meist auf die schon in Kapitel 3 behandelten Fälle. In Kapitel 11 ist ein einfaches Testgerät beschrieben, mit dem das Auffinden etwaiger Fehler in der Beleuchtungsanlage wesentlich erleichtert werden kann. Es soll auch nochmals auf die Hinweise im Band *Vom Fahrrad und vom Radfahren* verwiesen werden.

Das Zubehör

Bei den meisten Fahrrädern wird das Zubehör leider zu sehr vernachlässigt. Wenn es sich überhaupt lohnt, ein Zubehörteil am Fahrrad anzubringen, dann muß es auch die Mühe wert sein, es bei Bedarf wieder richtig zu befestigen, zu ersetzen oder, wenn es nicht anders geht, zu entfernen. Dabei ist zu bedenken, daß Teile, die nicht mit mindestens zwei Schrauben gehalten werden, sich früher oder später ganz lösen und gefährlich werden können: Bitte entweder richtig befestigen oder entfernen!

10 Die Laufräder selbst einspeichen

Das ist ein ganzes Kapitel für eine Sache, die sich eigentlich „vernünftig" gesehen gar nicht lohnt, aber eine sehr befriedigende und beruhigende Therapie ist! Ein Laufrad muß neu eingespeicht werden, wenn die Felge einen so schlimmen Achter hat, daß sie nicht durch Spannen der Speichen zu retten ist, oder wenn die Nabe ersetzt werden soll. Der Fachmann erledigt diese Arbeit in einer halben Stunde, man selbst braucht manchmal einen ganzen Nachmittag. Also, wer es eilig hat, macht diese Arbeit klugerweise nicht selber. Für jene, die mehr Zeit haben und auch mal etwas „Unvernünftiges" selbst machen möchten, hier eine einfache Beschreibung des Vorgangs.

Ehe wir mit der Arbeit anfangen, sollten wir uns erst noch einmal ein komplettes Laufrad gut anschauen. So ein Geflecht sieht ja entsetzlich kompliziert aus – solange man nicht weiß, wo anfangen! Die Sache sieht schon etwas einfacher aus, wenn wir versuchen, uns auf eine Seite des Rads zu konzentrieren, und wird endlich verständlich, sobald wir versuchen, nur ein einziges Speichenpaar zu betrachten – wie in Bild 10.1 dargestellt. Dort sind unterschiedliche Arten abgebildet; mit neunzigprozentiger Wahrscheinlichkeit sieht unser Rad so aus wie jenes im Bild 10.1 d – „dreimal gekreuzt" heißt das auf deutsch. Das bedeutet, daß

jede Speiche auf ihrem Weg von der Nabe zur Felge drei von dem gleichen Nabenflansch ausgehenden Kameraden über den Weg läuft.
Wie diese verschiedenen Formen bei den einzelnen Speichen aussehen, ist ebenfalls aus Bild 10.1 ersichtlich. Es verläuft also beim radial gespeichten Rad die Speiche vom Nabenloch zum direkt gegenüberstehenden Felgenloch, für jede zusätzliche Kreuzung wird sie um zwei Felgenlöcher verschoben. Dabei braucht man eine jeweils etwas längere Speiche. Die größere Speichenlänge wirkt sich auf die Flexibilität – also die Beweglichkeit – des Rads aus, während die Anzahl der Kreuzungen sich auf die Übertragung der Kräfte auswirkt – wichtig beim Antrieb des Hinterrads und beim Bremsen mit beiden Rädern.

Schauen wir – um das zu verstehen – das Hinterrad einmal von der Kettenseite an (Bild 10.2). Beim Antreiben der Tretkurbeln wird das Rad von der Nabe aus in Pfeilrichtung gedreht. Dabei wird an der nach *hinten* verlaufenden Speiche – und an sämtlichen anderen so verlaufenden Speichen – gezogen (*Zugbelastung* heißt das). Wie das beim Bremsen vor sich geht, ist eine etwas kompliziertere Angelegenheit; Felgenbremsen und Nabenbremsen wirken sich dabei unterschiedlich aus: Bei Felgenbremsen wirkt die

Zugbelastung immer in der gleichen Richtung (und also auch auf die gleichen Speichen wie beim Antrieb), bei der Nabenbremse in entgegengesetzter Richtung (also auf die nach *vorne* verlaufenden Speichen).

Die Speichen verlaufen abwechselnd von der Innen- und Außenseite eines Nabenflansches. Wenn eine Innenspeiche und eine Außenspeiche gleich schwer belastet werden, stellt sich heraus, daß die Innenspeiche eher bricht als die Außenspeiche.

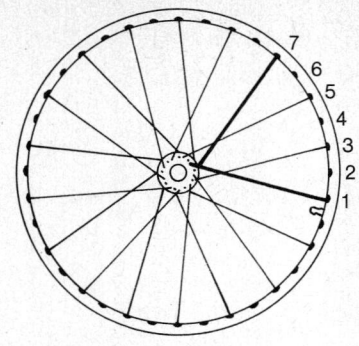

c) 2 x gekreuzt

10.1 Speichenanordnungen

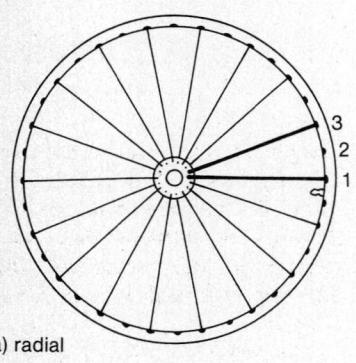

a) radial

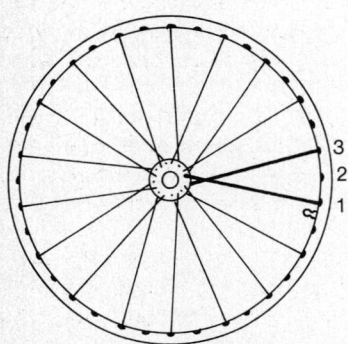

b) 1 x gekreuzt

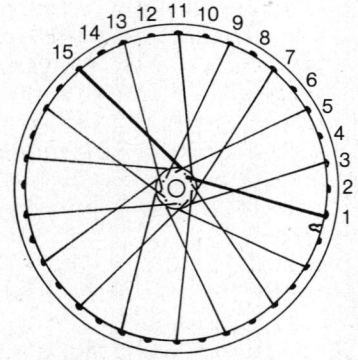

d) 3 x gekreuzt

e) 4 x gekreuzt

106

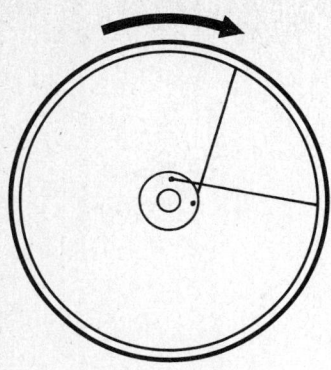

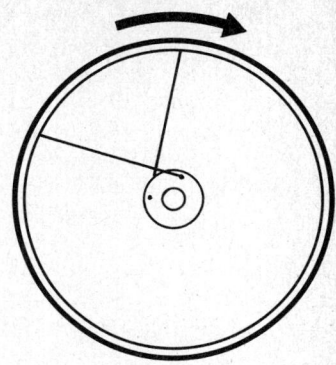

a) Außenspeiche nach vorn
(für Rad mit Nabenbremse)

b) Außenspeiche nach hinten
(für Rad mit Felgenbremse)

10.2 Anordnung der Speichen

Deshalb ist die Außenspeiche am besten geeignet, die Zugkräfte aufzunehmen.

Die größten Zugkräfte treten jeweils beim Bremsen und Beschleunigen auf. Deshalb wählt man für die Außenspeichen beim Laufrad mit Bremsnabe die nach *vorne* verlaufenden, und für Räder ohne Bremsnabe die nach *hinten* verlaufenden Speichen. Darin liegt das Geheimnis eines gut gespeichten Laufrads – nur schade, daß so wenige Leute (einschließlich Fahrradmechaniker) sich dessen bewußt sind: Die meisten Laufräder würden ein längeres Leben haben!

Es gibt zwei Methoden, ein Rad einzuspeichen: Entweder man kopiert ein schon gerichtetes Rad, oder man rechnet es sich selber aus. Abgucken macht die Sache schon einfacher, vorausgesetzt, man hat sich davon überzeugt, daß das Modell stimmt.

1. *Hinterrad mit Bremsnabe*
   Das Rad soll entweder drei- oder viermal gekreuzt sein, und die Außenspeichen sollen nach *vorne* verlaufen.

2. *Hinterrad mit Felgenbremse*
   Das Rad soll entweder drei- oder viermal gekreuzt sein, und die Außenspeichen sollen nach *hinten* verlaufen.

3. *Vorderrad mit Felgenbremse*
   Das Rad soll entweder zwei-, drei- oder viermal gekreuzt sein, und die Außenspeichen sollen nach *hinten* verlaufen.

4. *Vorderrad mit Trommelbremse*
   Das Rad soll genauso aussehen wie Nummer 1 (Hinterrad mit Nabenbremse).

Wie viele Kreuzungen?

Ohne viele technischen Erklärungen stellen wir fest, daß diese Frage gar nicht so wichtig ist: Dreimal gekreuzt ist praktisch immer günstig, obwohl die Vorderräder für Rennfahrer manchmal etwas härter und runder und deshalb nur zweimal gekreuzt werden. Viermal gekreuzt empfiehlt sich nur für Hinterräder mit Niederflanschnaben.

Was für Speichen?

Die erforderliche Speichenlänge ist aus der Tabelle 5 auf Seite 127 abzulesen. Die Stärke der Speichen ist manchmal mit einer Nummer, manchmal mit der Stärke in Millimetern angegeben: Wie die Nummer und die Millimetermaße übereinstimmen, ist in Tabelle 6 enthalten. Normalerweise benutzt man Speichen von einheitlicher Stärke mit der englischen Bezeichnung 14 (2,0 mm).

Für ein Rennrad nimmt man DD-(„Doppel-Dickend"-)Speichen (das sind solche, die in der Mitte dünner sind als an den Enden) der Stärke 14/15/14. Für ein sehr schwer belastetes Fahrrad oder ein Tandem würde man hinten Speichen der Stärke 13 (2,3 mm) benutzen – vorausgesetzt, daß die Löcher in der Felge und der Nabe dafür ausreichen. Und schließlich der Werkstoff: Obwohl rostfreie (*Inox, Nirosta*) und verchromte Speichen zweifelsohne sehr hübsch glänzen, sind sie nicht so fest wie die einfach verzinkten Speichen, die viel billiger sind. Sie sind

aber für ein Rad, das oft Wind und Wetter ausgesetzt ist, doch zu empfehlen.

Wie viele Speichen?

Praktisch jedes Erwachsenenrad hat Laufräder mit 36 Speichen, also 18 auf jeder Seite: 9 Innen- und 9 Außenspeichen an jedem Nabenflansch. Ausnahmen mit mehr Speichen sind Tandems und sonstige sehr schwer belastete Räder. Manche Superrennräder haben vorne wegen des geringeren Luftwiderstandes (!) weniger Speichen, und einige Kinderräder und Klappräder haben ebenfalls weniger Speichen.

In der folgenden Beschreibung gehen wir stets davon aus, daß die übliche Anordnung mit 36 Speichen zutrifft. Die Beschreibung des Vorgangs läßt sich aber leicht auch für jede andere Speichenzahl abwandeln. Es ist bei solchen Anordnungen natürlich immer darauf zu achten, daß Nabe und Felge die gleiche Löcherzahl aufweisen.

Das Einspeichen

Erforderliches Werkzeug
Speichenschlüssel
Schraubendreher
Vaseline
Stofflappen

Vorgang

1. Feststellen, welche Anordnung zutrifft, und das entsprechende Bild während der Arbeit dabeihaben. Siehe auch Bild 10.3 und Tabelle 5 auf Seite 127.
2. Die verschraubten Enden der Speichen mit Vaseline einschmieren; überschüssige Vaseline abwischen.
3. Felge und Nabe auf den Tisch legen, falls Hinternabe, mit dem Gewinde für Zahnkranz oder Ritzel nach oben.
4. Ventilloch in der Felge suchen. Gleich links daneben fangen wir mit der ersten Speiche an. Dieses nach oben versetzte Loch nennen wir *Loch 1* und markieren es z.B. mit Filzstift.
5. Neun Speichen nehmen und sie von innen nach außen durch jedes zweite Loch des kettenseitigen Nabenflansches einstecken.
6. Eine dieser 9 Speichen mit dem Nippel in Loch 1 einschrauben – aber nicht zu fest: Etwa 3 mm Gewinde sollen sichtbar bleiben.
7. Das gleiche mit den 8 übrigen Speichen machen – in jedem vierten Loch der Felge.
8. Jetzt soll die Nabe so gedreht werden, daß diese 9 Speichen so angeordnet sind, wie im entsprechenden Bild; sie sollen die belasteten Speichen der rechten Seite werden.
9. Noch mal 9 Speichen nehmen und sie diesmal von außen nach innen in die restlichen Löcher des rechten Nabenflansches einstecken.
10. Eine dieser Speichen so einflechten, daß sie so viele der außenliegenden Speichen kreuzt wie im Vorbild, meistens 3: unter die erste, unter die zweite, *über* die

Auch in der Fabrik werden die Speichen von Hand eingefädelt; allerdings mechanisch gespannt (Foto: Steyr Daimler Puch)

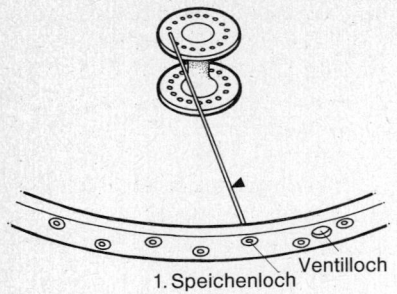

a) die erste Speiche (Außenspeiche)

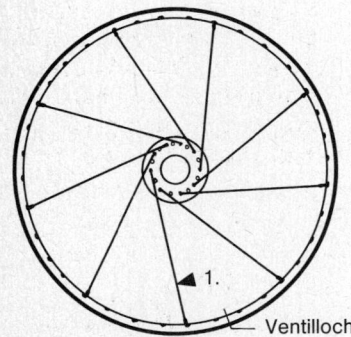

b) die Außenspeichen

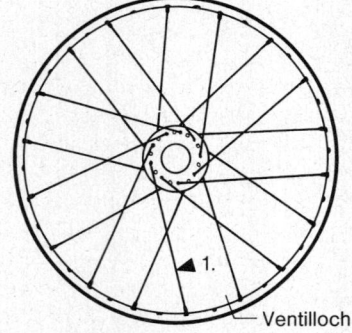

d) eine Seite vollständig

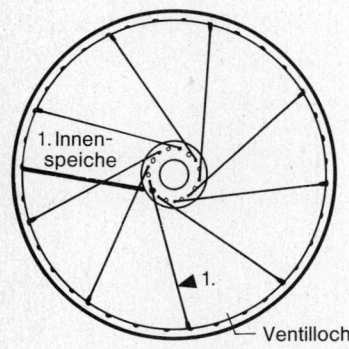

c) die erste Innenspeiche

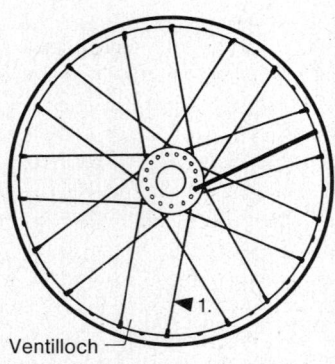

e) die erste Speiche der anderen Seite

110

dritte. Dann wird sie im nächsten, freien Loch oben in die Felge eingeschraubt. Das gleiche mit den restlichen 8 Speichen machen.

11. Jetzt ist die rechte Seite des Rads eingespeicht; man dreht nun das Rad um und sucht das Nabenloch, das mit der ersten Speiche zu Loch 1 verbunden wurde. Auf der jetzt obenliegenden Nabenseite stellt man fest, welches Loch gerade um ein paar Millimeter weiter im Uhrzeigersinn vorn liegt. In dieses Loch und in jedes zweite Loch dieser Nabenseite steckt man zunächst Speichen von außen nach innen – die nicht belasteten Speichen oder Innenspeichen der linken Seite.

12. Man nimmt eine dieser Speichen. Ihr gegenüber auf der Innenseite des rechten Nabenflansches liegt eine Speiche, die Vorbild sein soll: Unsere Speiche soll in der gleichen Richtung verlaufen, zu einem Felgenloch, das genau neben dem Loch des Vorbilds liegt.

13. Die übrigen 8 Innenspeichen der linken Nabenseite werden genauso eingespeicht – jeweils 4 Felgenlöcher weiter.

14. Schließlich bleiben die Außenspeichen der linken Nabenseite übrig: Man steckt sie alle in den Nabenflansch von innen nach außen ein und zählt die erforderliche Zahl der Kreuzungen auch hier wieder aus: einmal oben, noch einmal oben und einmal unten durch.

15. Jetzt ist das Rad eingespeicht, allerdings ist das ein sehr lockeres Rad. Die Nippel müssen rundum nach und nach fester angezogen werden, bis sie alle gleichmäßig fest sind.

16. Nun beginnt der Spaß erst richtig: Das Rad soll ausgerichtet werden. Wie das vor sich geht, wurde schon in Kapitel 3 kurz beschrieben, als es darum ging, ein Rad mit einem Achter auszurichten. Etwa in der Felge herausragende Speichenenden werden abgefeilt, damit sie den Schlauch nicht beschädigen.

17. Man steckt das Rad in die Gabel oder in den Hinterrahmen des aufgehängten Fahrrads.

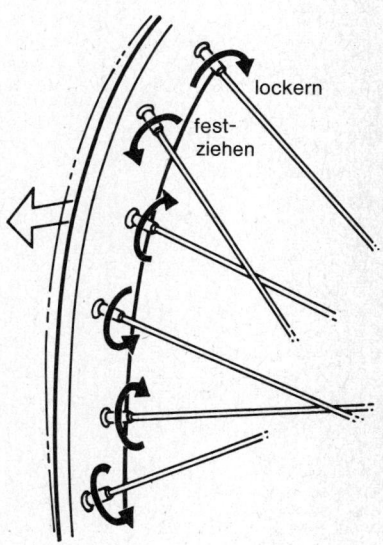

10.4 Ausrichten des Laufrads

18. Mit Hilfe der Bremse als Beziehungspunkt schraubt man an den Nippeln herum, bis die Felge in der Mitte liegt, keinen Hochschlag und keinen Achter mehr hat (Bild 10.4).

Wem diese Arbeit Spaß macht und wer das Geld dafür ausgeben möchte, kann sich ein die Arbeit erleichterndes Werkzeug zulegen. Der *Zentrierständer* wird auf die Werkbank aufgeschraubt oder im Schraubstock gehalten. Meistens ist er mit Anzeigevorrichtungen ausgestattet, die es ermöglichen, nach ein paarmal Üben ein Rad so schnell und so genau zu richten wie ein Fachmann. In Kapitel 11 wird auch beschrieben, wie man selbst einen Zentrierständer machen kann.

Nach dem Spannen der Speichen werden die Laufräder optisch zentriert und gerichtet – in der Fabrik wie zu Hause (Foto: Steyr Daimler Puch)

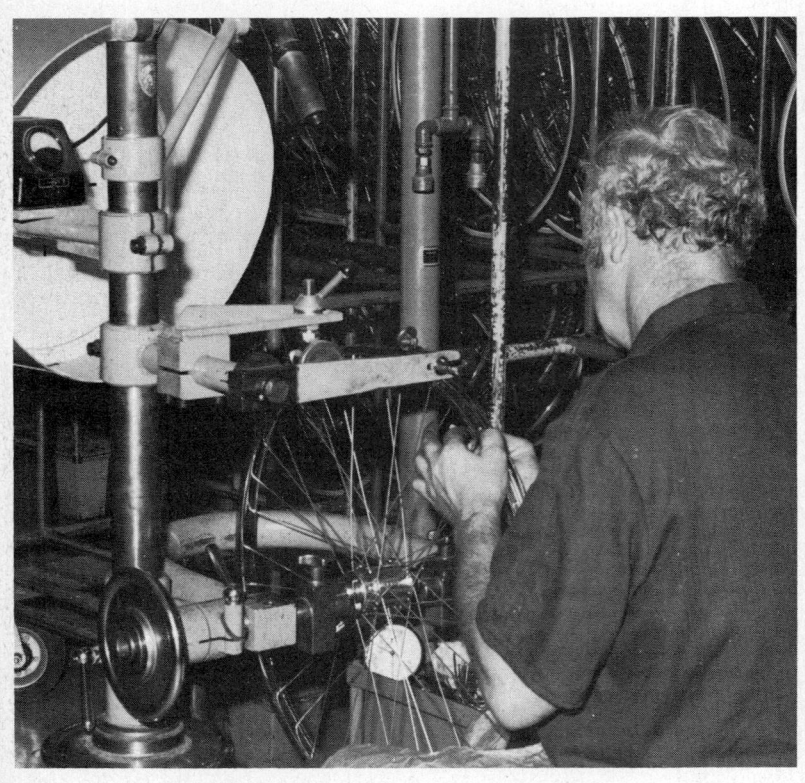

11 Zubehör – selbstgemacht

In diesem Kapitel werden einige Vorschläge für *Do-it-yourself*-Arbeiten ums Fahrrad kurz beschrieben. Sämtliche hier gezeigten Projekte sollen tatsächlich nur als Vorschlag angesehen werden: Sie erlauben Abänderungen für die bestimmte Verwendung. Es werden nur solche Arbeiten erwähnt, die mit dem durchschnittlichen einfachen Heimwerker-Handwerkszeug oder gar mit dem Nähzeugkasten der Hausfrau herzustellen sind. Statt von einer ausführlichen Beschreibung sollte sich der Leser jeweils von der Zeichnung führen lassen und etwa erforderliche Abänderungen selbständig durchführen.

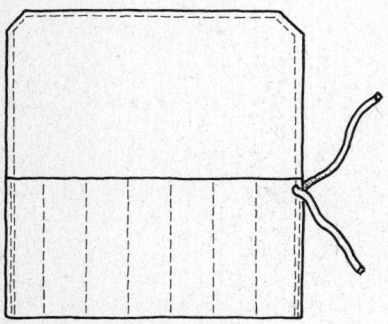

11.1 Werkzeughülle

Näharbeiten

■ **Werkzeughülle** (Bild 11.1)
Erforderlich: Etwa 35 cm Packleinwand oder wasserfestes Kunstfasergewebe (erhältlich in Camping- oder Markisengeschäften). So eine Hülle ist praktisch, wenn auf längerer Fahrt mehr Werkzeug mitgeführt werden soll. Man breitet das Werk-

11.2 Fahrradhülle

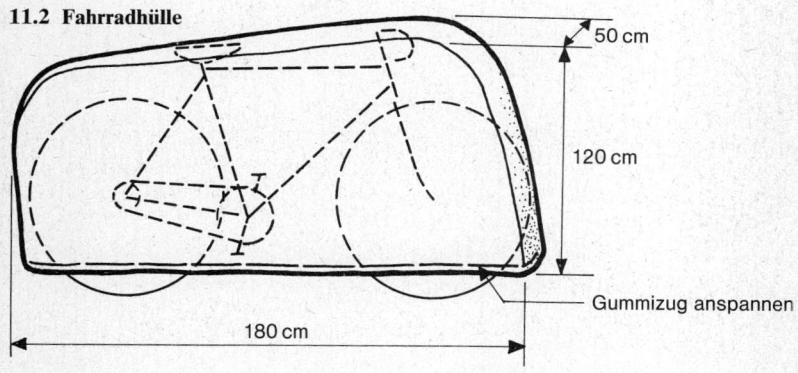

50 cm

120 cm

Gummizug anspannen

180 cm

zeug auf dem Stück Stoff so aus, daß zwischen den Einzelteilen ausreichend Platz bleibt, um das Ganze später aufzurollen.

■ Fahrradhülle (Bild 11.2)
Erforderlich: Etwa 4 m wasserfeste Zeltleinwand und Band. Wenn das Fahrrad nicht trocken abgestellt werden kann, ein sehr empfehlenswertes Zubehör. Falls die Hülle beim Fahrradurlaub mitgeführt werden soll, ist es wichtig, daß dünner (aber wasserdichter) Stoff benutzt wird. Die offene Unterseite kann entweder mit einfachem Band und einer Schleife oder mit Gummiband zusammengezogen werden.

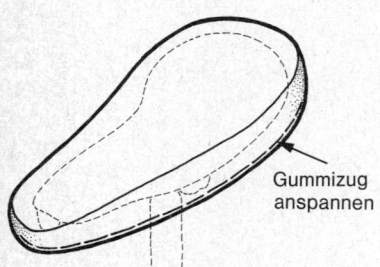

Gummizug
anspannen

11.3 Sattelschutz

■ Sattelschutz (Bild 11.3)
Eine Miniaturversion des vorangegangenen Projekts. Nur das Allerwichtigste wird beim abgestellten Fahrrad geschützt. Eine alte Plastiktüte genügt natürlich auch – ist aber weniger elegant und dauerhaft.

■ Fahrradtragetasche
(Bild 11.4)
Erforderlich: Etwa 3 m Packleinwand oder wasserfestes Kunstfasergewebe, sehr langer Reißverschluß, Leinengurt. So kann ein Rennrad quasi als Handgepäck befördert werden. Die richtigen Maße werden festgestellt, indem die Laufräder ausgebaut und seitlich am Rahmen festgebunden werden. Der Lenker ist zu lockern und zu drehen, der Sattel zu lockern und tief zu stellen.
Beim Anordnen des Verschlusses und der Tragehenkel (die nicht an der Tasche, sondern am Fahrrad befestigt werden) ist darauf zu achten, die Tasche so hinzustellen, daß Sattel und Lenker *unten,* Kettenblatt und Umwerfer der Gangschaltung *oben* liegen sollen. So werden die empfindlichen Teile beim Abstellen nicht beschädigt. Die Laufräder können entweder an den Rahmen gebunden oder in getrennt abgeteilten Taschen im Inneren verstaut werden.

11.4 Fahrradtragetasche

Werkstattarbeiten

■ **Fahrradhängevorrichtung**
(Bild 11.5)
Erforderlich: 3 mm starker Metalldraht, Schraubhaken und 4-mm-Kordel.
Die einfachste und platzsparende Vorrichtung, um die Arbeit am Fahrrad zu erleichtern. Das Rad kann entweder an Sattel und Lenker oder umgekehrt an den Laufrädern aufgehängt werden.

■ **Reparaturständer** (Bild 11.6)
Erforderlich: Holzbretter, Holzreste, Teppichreste, Schrauben, zwei Lederriemen oder Band. Das Gestell kann entweder wie abgebildet zwi-

schen Boden und Decke verklemmt oder gegen eine Wand angebracht werden. Wenn einer der Halterungsarme abnehmbar ist, kann er niedriger angebracht werden, um ein Damenrad oder ein umgekehrt hängendes Rad aufzunehmen.

■ **Zahnritzelabzieher** (Bild 11.7)
Erforderlich: Stahlblech 4 mm stark, 3 cm breit und 30 cm lang, und ein Stück Fahrradkette. Dieses Werkzeug kann beim Auswechseln der Zahnritzel eingesetzt werden, um das Ritzel, das abgeschraubt werden soll, zu drehen, während der Kranz im Schraubstock gehalten wird.

11.5 Fahrradhängevorrichtung

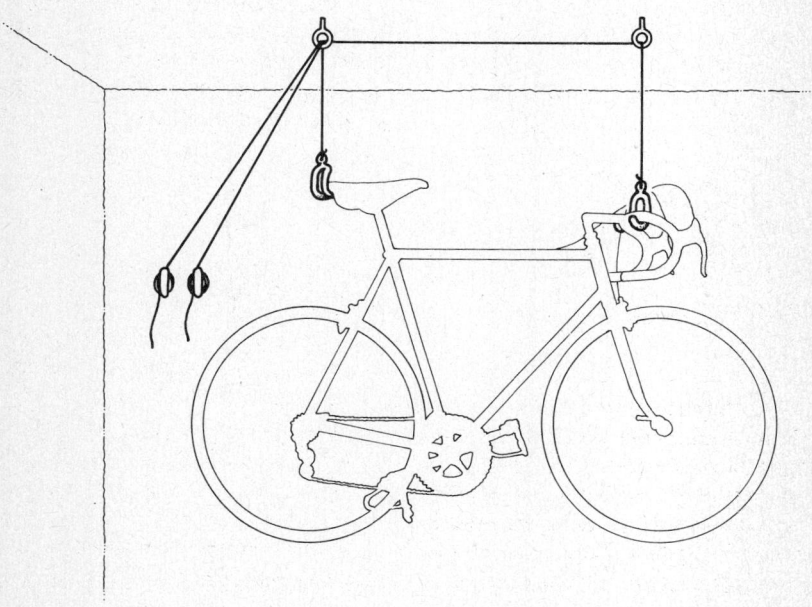

115

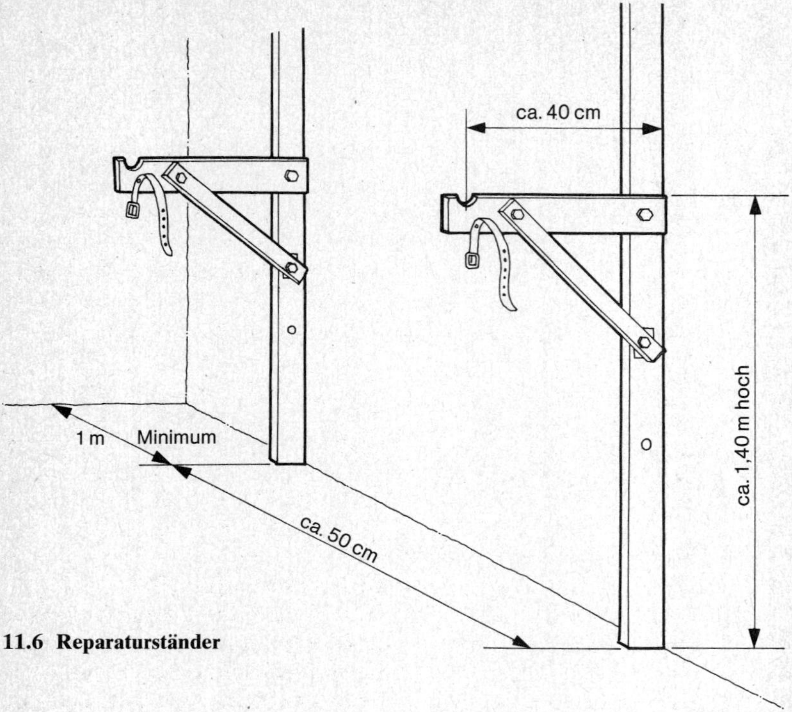

ca. 40 cm

ca. 1,40 m hoch

1 m   Minimum

ca. 50 cm

11.6 Reparaturständer

11.7 Zahnritzelabzieher

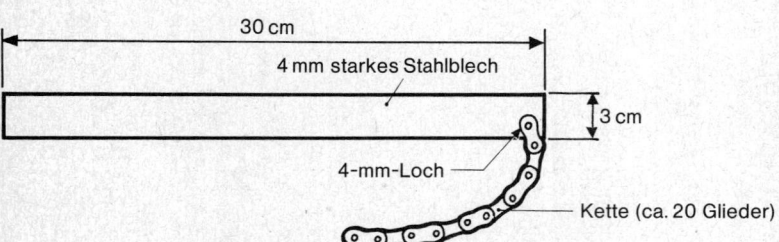

30 cm

4 mm starkes Stahlblech

3 cm

4-mm-Loch

Kette (ca. 20 Glieder)

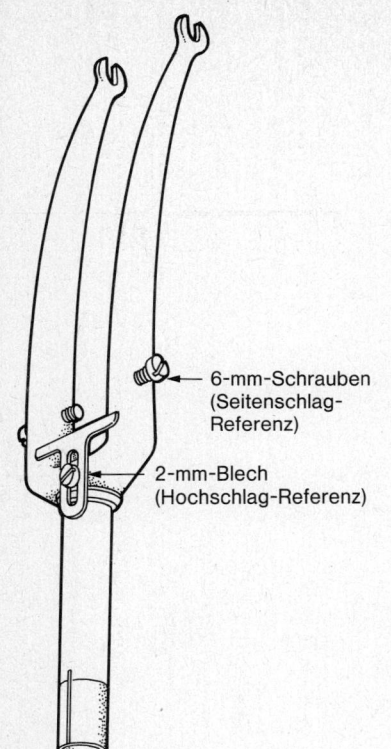

■ Zentriergerät (Bild 11.8)

Erforderlich: Eine alte Fahrradgabel, Schrauben. Als zusätzliches Werkzeug wird ein Gewindebohrer der Größe 5 oder 6 mm gebraucht. Dieses Gerät ersetzt den Rahmen beim Einspeichen oder Ausrichten des Laufrads. Es wird auf das Maß einer Hinternabe gespreizt oder für ein Vorderrad durch Anziehen der Nabenmutter eingedrückt. Die seitlichen Schrauben sind die Seitenschlag-Beziehungspunkte; sie werden eingestellt und nachgemessen, bis das Rad zentriert ist und keinen Seitenschlag mehr hat. Das Blech wird als Hochschlag-Beziehungspunkt benutzt und am Bremsloch in der Gabelkrone befestigt.

6-mm-Schrauben (Seitenschlag-Referenz)

2-mm-Blech (Hochschlag-Referenz)

■ Einspeichstütze (Bild 11.9)

Erforderlich: Holzbretter, Holzreste und Holzschrauben. Dieses einfache Gerüst erleichtert das Einspeichen eines Laufrades, indem es Felge und Nabe in der richtigen Position hält.

11.8 Zentriergerät

11.9 Einspeichstütze

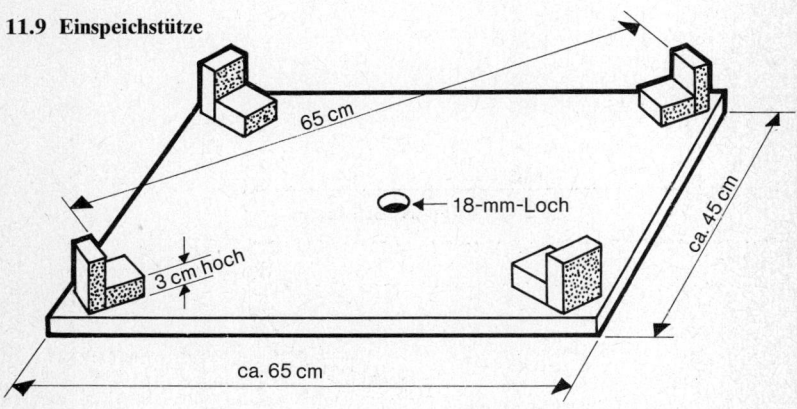

65 cm

18-mm-Loch

ca. 45 cm

3 cm hoch

ca. 65 cm

Ein mit diesem Gerät eingespeichtes Rad erfordert beträchtlich weniger Aufwand beim Ausrichten.

■ Beleuchtungstestgerät
(Bild 11.10)

Erforderlich: Holzbrettchen, 4,7- oder 6-Volt-Glühbirne mit Halterung, 4,5-Volt-Batterie, Lüsterklemme, Kabel und Krokodilklemmen. Dieses Gerät kann als Stromquelle und als Prüfgerät beim Beseitigen von Störungen der Lichtanlage eingesetzt werden. Nach der Arbeit sind die Kabel mit den Krokodilklemmen von der Batterie zu trennen, damit die Batterie nicht entladen werden kann.

■ Fahrradständer und Hängevorrichtungen
(Bild 11.11)

Schließlich einige Vorschläge für das Abstellen des Fahrrads in engen Räumen. Zum Vorschlag 11.11 d sei bemerkt, daß mehrere Fahrräder am besten abwechselnd mit dem Vorderrad links und rechts angeordnet werden. Beim Aufhängen nach Bild 11.11 b braucht sich keiner zu sorgen, daß sich die Felgen dabei verformen: Bei der Radfahrt auf unebener Straße werden sie oft viel mehr beansprucht.

11.10 Beleuchtungstestgerät

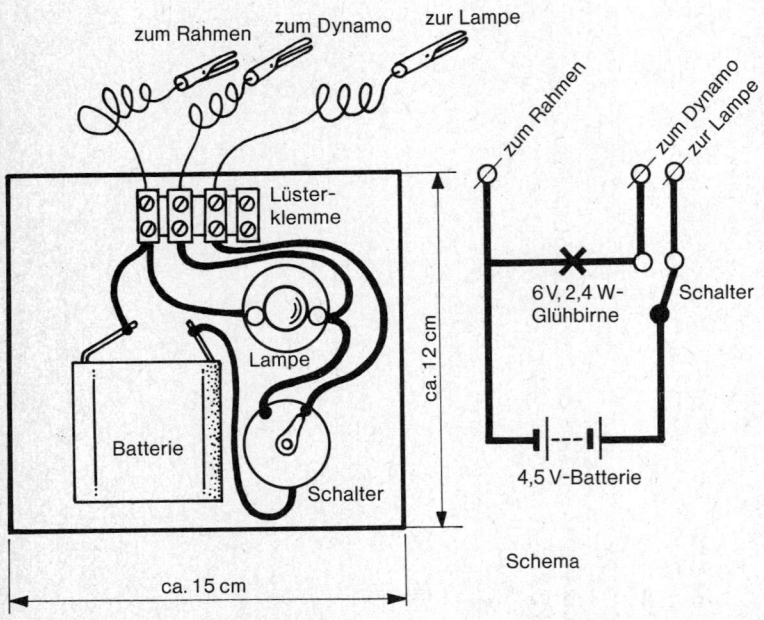

Schema

118

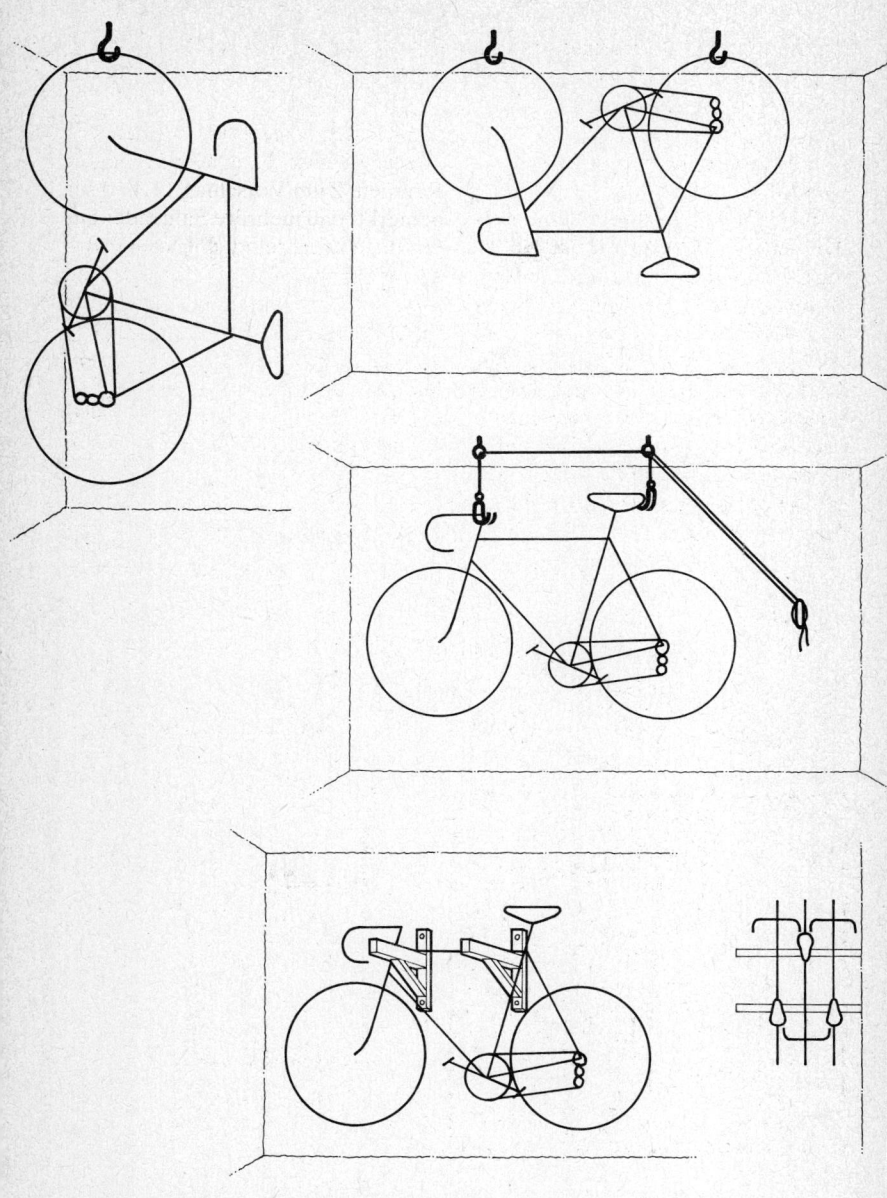

11.11 Fahrradständer und Hängevorrichtungen

12 Auflistung von Fahrraddaten

Es gibt erstaunlich viele Möglichkeiten, durch die ein Fahrrad vom anderen abweichen kann, daß es sich manchmal lohnt, die Besonderheiten des eigenen Drahtesels zu erfassen – und das auf möglichst systematische Weise.

Ein Beispiel für solch einen Katalog von Daten für das eigene Fahrrad zeigt die folgende Aufstellung. Sie kann nach Belieben vervielfältigt werden, um mehrere Räder zu erfassen. Die wichtigsten Kriterien des Fahrrads sind aufgeführt. So kann man entweder die Eigenschaften eines bereits vorhandenen Fahrrads erfassen, um damit den Ersatz eventuell reparaturbedürftiger Teile zu erleichtern, oder sie kann als „Wunschliste" dienen. In diesem Fall könnte sie auch die Grundlage für Änderungen und Verbesserungen eines bestehenden Rads sein oder eine Beschreibung der Einzelheiten für eine Maschine, die man sich mal zulegen möchte.

Das Rennrad mit den schönsten Komponenten: Puch Superleicht mit Campagnolo Super Record-Teilen (Foto: Steyr Daimler Puch)

Auflistung von Fahrraddaten

Rahmen-Nr. . . . .

Allgemeines
Fabrikat . . . .
Modell . . . .
Baujahr . . . .
Farbe . . . .
Gewicht . . . .

Rahmen
Werkstoff . . . .
Größe . . . .
Radstand . . . .
Steuerkopfwinkel . . . .
Sitzrohrwinkel . . . .
Gewicht . . . .

Lenkung
Steuersatzfabrikat . . . .
Gewinde . . . .
Gabelbiegung . . . .
Vorbaulänge . . . .
Bügelfabrikat . . . .
Durchmesser . . . .

Sattel
Fabrikat . . . .
Modell . . . .
Sattelstütze . . . .
Durchmesser . . . .

Bremsen
Typ . . . .
Fabrikat . . . .
Modell . . . .

Gangschaltung
Typ . . . .
Fabrikat . . . .

Kettenblattumwerfer
Fabrikat . . . .
Typ . . . .
Kapazität . . . .

Hinterer Umwerfer (Schaltsegment)
Fabrikat . . . .
Typ . . . .
Kapazität . . . .
Flucht . . . .

Laufräder
Reifenmaß . . . .
Ventiltyp . . . .
Felgentyp . . . .
Speichenzahl . . . .
Speichenlänge . . . .
Nabentyp . . . .
Fabrikat . . . .
Gewindetyp . . . .
(für Zahnkranz)

Tretlagersatz
Fabrikat . . . .
Typ . . . .
Gewinde . . . .
Achsenlänge . . . .
Kurbellänge . . . .
Keilmaß . . . .

Pedale

Fabrikat . . . .
Modell . . . .
Gewinde . . . .
Rennhaken . . . .

Kettenblätter

Fabrikat . . . .
Modell . . . .
Zähnezahl . . . .

Zahnkranz

Fabrikat . . . .
Gewinde . . . .
Ritzelgrößen . . . .

Gangschaltungstabelle

Ritzelgrößen

Kettenblätter					

12.1 Die Teile des Fahrrads

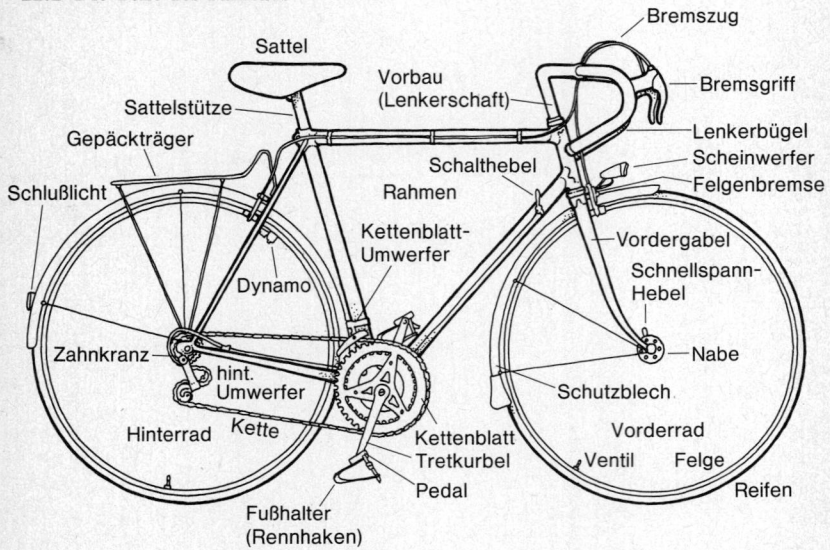

Bremszug
Sattel
Vorbau (Lenkerschaft)
Bremsgriff
Sattelstütze
Gepäckträger
Lenkerbügel
Scheinwerfer
Schalthebel
Felgenbremse
Schlußlicht
Rahmen
Kettenblatt-Umwerfer
Vordergabel
Dynamo
Schnellspann-Hebel
Zahnkranz
hint. Umwerfer
Nabe
Schutzblech
Hinterrad
Kette
Vorderrad
Kettenblatt
Tretkurbel
Ventil
Felge
Pedal
Fußhalter (Rennhaken)
Reifen

Teil III

Tabellen

Tabelle 1 – Reifengrößen

Nominelle Radgröße Zoll (mm)	Felgenschulterumfang – mm	Internationales Reifenmaß – mm	Deutsche Norm Zoll	Französische Norm mm
16″ (400)	986	47-305	$16 \times 1,75$	
	1068	37-340		400 A*
18″ (450)	1118	47-355	$18 \times 1,75$	
	1225	37-390		450 A*
20″ (500)	1327	47-406	$20 \times 1,75$	
	1382	37-440		500 A*
22″ (500)	1539	37-490		550 A*
24″ (600)	1593	47-507	$24 \times 1,75$	
	1695/1700	37-540/541	$24 \times 1^{3}/_{8}$	600 A*
26″ (650)	1755	47-559	$26 \times 1,75/2,00$	
	1835	40-584		650 B
	1855	37-590	$26 \times 1^{3}/_{8}$	650 A*
27″ (675)	1978	30-630	$27 \times 1^{1}/_{4}$	
	1978	28-630	$27 \times 1^{1}/_{8}$	
28″ (700)	1955	47-622	$28 \times 1,75$	
	1955	37-622	$28 \times 1^{3}/_{8} \times 1^{5}/_{8}$	
	1955	32-622	$28 \times 1^{1}/_{4} \times 1^{5}/_{8}$	700 C
	1994	40-635	$28 \times 1^{1}/_{2}$	700 B
	2015	37-642		700 A

Anmerkungen:
1. Zur Erklärung und Anwendung der Tabelle siehe den Band *Vom Fahrrad und vom Radfahren.*
2. Die mit * gekennzeichneten Reifengrößen sind auch in kleineren Breiten erhältlich, die aber auf die gleichen Felgen passen. Sie werden z.B. gekennzeichnet: (International:) 32-340; (Französisch:) 400×32 A.

Tabelle 2 – Reifendruck

Reifenbreite	Reifendruck bar (atü)	psi
2'' und mehr	2,7	40
1¹/₂''–1,75'' (42–45 mm)	3,4	50
1³/₈'' (37 mm)	4,4	65
1¹/₄'' (32 mm)	4,8	70
1¹/₈'' (28 mm)	5,8	85
Schlauchreifen	6,1–7,8	90–115

Diese Druckangaben sind empfohlene Mindestwerte. Bei einem schwer beladenen Fahrrad sollen beide Räder (zumindest aber das hintere) etwa 10 bis 15% fester aufgepumpt werden.

Tabelle 3 – Gewindemaße

Anwendungs-bereich	Englisch*	Französisch	Italienisch	Schweizer
Tretlager, fixierte Schale	$1,370 \times 24\,\text{TPI (L)}$	$35 \times 1\,\text{(R)}$	$36 \times 24\,\text{TPI (R)}$	$35 \times 1\,\text{(L)}$
Tretlager, Einstellschale	$1,370 \times 24\,\text{TPI (R)}$	$35 \times 1\,\text{(R)}$	$36 \times 24\,\text{TPI (R)}$	$35 \times 1\,\text{(R)}$
Pedal, links	$^9/_{16}'' \times 20\,\text{TPI (L)}$	$14 \times 1,25\,\text{(L)}$	englisch	
Pedal, rechts	$^9/_{16}'' \times 20\,\text{TPI (R)}$	$14 \times 1,25\,\text{(R)}$	englisch	
Steuersatz	$1'' \times 24\,\text{TPI}$	25×1	$25,4 \times 24\,\text{TPI}$	
Zahnkranz/ Hinterradnabe	$1,370'' \times 24\,\text{TPI}$	$34,7 \times 1$	$35 \times 24\,\text{TPI}$	
Umwerfer, Befestigung**	(französisch)	10×1	$10 \times 26\,\text{TPI}$	

Anmerkungen:
  * Einfache Fahrräder des TI-Raleigh Konzerns *(Raleigh, Rudge, BSA, Humber, Phillips)* haben abweichende, firmeneigene Normen für Steuersatz ($1'' \times 26\,\text{TPI}$) und Tretlager ($1,375 \times 26\,\text{TPI}$)
  ** Einige Ausfallenden haben ein Umwerferbefestigungsloch ohne Gewinde

Tabelle 4 – Kugellagermaße

Anwendungsbereich	Kugelgröße	
	Zoll	mm
Tretlager	$^1/_4''$	circa 6,4 mm
Hinterradnabe	$^1/_4''$	circa 6,4 mm
Vorderradnabe (mit Ausnahme von *Campagnolo Record* und *Zeus Weltmeister*)	$^3/_{16}''$	circa 4,8 mm
Campagnolo Record und *Zeus Weltmeister* Vordernabe	$^7/_{32}''$	circa 5,6 mm
Steuersatz (mit Ausnahme von *Zeus, Campagnolo* und *Shimano Dura Ace*)	$^5/_{32}''$	circa 4,0 mm
Campagnolo und *Shimano Dura Ace* Steuersatz	$^3/_{16}''$	circa 4,8 mm
Pedale	$^5/_{32}''$	circa 4,0 mm
Freilauf (Zahnkranz)	$^1/_8''$	circa 3,2 mm

Anmerkungen:
1. Vereinzelt werden heutzutage auch herkömmliche sogenannte *Walzkugellager* eingesetzt. Hier sind die Kügelchen nicht auswechselbar, deswegen muß stets das ganze Lager ersetzt werden. Diese Arbeit ist nur vom Fachmann durchzuführen.
2. Die Umrechnung in Millimeter ist nicht genau. Ein Zoll entspricht 25,4 Millimeter; bei Fahrrädern werden Größen immer in Zoll angegeben.

Tabelle 5 – Speichenlängen

Speichenlängen für Räder mit 36 Speichen und 26″–28″ Reifen (s. Anm. 3)

| Laufradgröße | Felgen-schulter-maß | Nabenflanschtyp | | | |
| | | Niederflansch | | Hochflansch | |
		3 × ge-kreuzt	4 × ge-kreuzt	3 × ge-kreuzt	4 × ge-kreuzt
26″ × 1,75/2,00	559	265	275	264	–
27″ × 1¹/₄″-Drahtreifen	630 mm	303	310	298	308
27″-Schlauchreifen	630 mm	300	306	296	305
700 C oder 28″-Drahtreifen	622 mm	296	305	294	303

Tabelle 6 – Speichenstärken

| Stärke in mm | Bezeichnung | | Anwendungsbereich |
	Französisch	Englisch	
1,4	10	17	nur für Zeitrennen
1,6	11	16	für leichten Renngebrauch
1,8	12	15	für Renngebrauch
2,0	13	14	für normalen Gebrauch
2,3	14	13	für übermäßigen Gebrauch (z.B. Tandem)
2,6	15	12	nur für übermäßigen Tandemgebrauch

Anmerkungen:

1. Speichenlängen dürfen für Drahtreifen bis 2 mm kürzer, für Schlauchreifen bis 2 mm länger gewählt werden, falls die empfohlene Länge nicht lieferbar ist
2. Niederflansch: Speichenlochkreis bis 45 mm; Hochflansch: Speichenlochkreis über 45 mm
3. Weitere Speichenlängen sind unter Angabe der Felgen- und Nabentypen im Fachgeschäft zu erkunden oder dem Buch *Sutherland's Handbook for Bicycle Mechanics* zu entnehmen (siehe Literaturauswahl)

Anschriften – Literaturauswahl

Versandhandel

Bau Dir Dein Rad, Steinwegpassage 1,
D-2000 Hamburg 36.

Radsportversand Brügelmann,
Philipp-Reis-Str. 83,
D-6000 Frankfurt (M) 90.

HaMi-Mittendorf, Postfach 14,
D-6581 Herrstein.

Buchversand Petrausch, Postfach 733,
D-6450 Hanau.

Bikecology, P.O. Box 1880,
Santa Monica, Ca 90406, USA.

**Ron Kitching's International Cycling
Center,** Hookstone Park Road,
Harrogate HG2 7BZ, England.

Andrew Hague (Tandem Specialties),
Cwm Draw Industrial Estate,
Ebbw Vale, Gwent. NP3 5AE,
Großbritannien.

Holdsworthy Company, 132 Lower
Richmond Road, Putney, London
SW15 1LN, England.

Freewheel, 275 West End Lane,
London NW6 1QS, England

Bücher, Zeitschriften

U. Herzog: **Fahrradheilkunde.**
Parallelverlag, Berlin, 1980.

R. van der Plas: **Vom Fahrrad und vom
Radfahren.** Otto Maier, Ravensburg,
1981.

Radfahren, Bielefelder Verlagsanstalt
KG, Postfach 1140, D-4800 Bielefeld.

R. Ballantine: **Richard's Bicycle Book.**
Ballantine Books, New York;
Pan Books, London, 1979.

C.W. Coles, M.T. Glenn: **Glenn's
Complete Bicycle Manual.** Crown
Publishers, New York, 1973.

R.C. Shaw (ed) **The Raleigh Book of
Cycling.** Sphere Books Ltd., London,
1978.

M. Sutherland: **Sutherland's Handbook
for Bicycle Mechanics.** Sutherland
Publications, Berkeley (USA) (3),
1981.

R. van der Plas: **Penguin Handbook:
Bicycling.** Penguin Books, London,
1981